À plus! 2

Carnet d'activités

Interaktive Übungen
mit Differenzierungen
auf zwei Niveaus

Cornelsen

À plus! 2

Carnet d'activités

Im Auftrag des Verlages erarbeitet von
Dorothea Bachert, Catherine Jorißen und Catherine Mann-Grabowski

und der Redaktion Französisch
Julia Goltz (Projektleitung) und Yvonne Hildebrandt;
Rechteklärungen: Nicole S. Abt und Tina Becker

Illustrationen: Céline Bailleux und Laurent Lalo
Umschlaggestaltung: Rosendahl, Berlin
Layout: graphitecture book & edition
Technische Umsetzung: SPi Global

Begleitmaterialien zu À plus! 2

Schülerbuch als E-Book	978-3-06-122329-8
Grammatikheft	978-3-06-122341-0
Wortschatztrainer	978-3-06-122343-4
Vokabeltaschenbuch	978-3-06-122342-7
Klassenarbeitstrainer	978-3-06-122345-8
101 Grammatikübungen	978-3-06-122344-1
Vokabel-App	978-3-06-122355-7

www.cornelsen.de

Für die Nutzung des kostenlosen Internetangebots zum Buch gelten die allgemeinen Geschäftsbedingungen (AGB) des Internetportals *www.cornelsen.de,* die jederzeit unter dem entsprechenden Eintrag abgerufen werden können.

Die Mediencodes enthalten zusätzliche Unterrichtsmaterialien, die der Verlag in eigener Verantwortung zur Verfügung stellt.

Soweit in diesem Lehrwerk Personen fotografisch abgebildet sind und ihnen von der Redaktion fiktive Namen, Berufe, Dialoge und Ähnliches zugeordnet oder diese Personen in bestimmte Kontexte gesetzt werden, dienen diese Zuordnungen und Darstellungen ausschließlich der Veranschaulichung und dem besseren Verständnis des Inhalts.

Alle Drucke dieser Auflage sind inhaltlich unverändert und können im Unterricht nebeneinander verwendet werden.

Druck und Bindung: Livonia Print, Riga

1. Auflage, 5. Druck 2024
Carnet d'activités mit Audios online

ISBN 978-3-06-122332-8

1. Auflage, 4. Druck 2024
Carnet d'activités mit Audios und interaktiven Übungen online

ISBN 978-3-06-122333-5

1. Auflage, 2. Druck 2022
Lehrerfassung mit Audio-CD

ISBN 978-3-06-122335-9

PEFC zertifiziert
Dieses Produkt stammt aus nachhaltig bewirtschafteten Wäldern und kontrollierten Quellen.
www.pefc.de
PEFC
PEFC/12-31-006

Wegweiser

Tu es en forme — Hier bereitest du dich durch gezielte Wiederholungsübungen auf die Inhalte der nachfolgenden *Unité vor.*

Unité 1 — Dein *Carnet d'activités* folgt genau der Reihenfolge deines Französischbuches. Du findest hier Aufgaben passend zu jeder *Unité* und jedem *Module*.

Hier kannst du eine Audiodatei anhören. Der Code auf Seite 1 bringt dich direkt ins Internet: Dort kannst du die Audiodatei direkt anklicken und anhören oder auch herunterladen.

▸ p. 14 — Dieses Symbol verweist dich auf Texte in deinem Französischbuch, hier z. B. Seite 14.

▸ Méthodes, p. 150/24 — Auch dieser Pfeil verweist auf dein Französischbuch, hier z. B. auf die Methodenseite 150/24.

☆ Aufgaben, die mit einem leeren Stern gekennzeichnet sind, sind etwas einfacher.
★ Aufgaben mit einem ausgefüllten Stern bieten dir Herausforderungen.

Schätze deine Leistung mit Hilfe dieser Ampel nach jeder Übung selbst ein.
- Das Lösen der Aufgabe fiel mir schwer.
- Ich war mir nicht ganz sicher.
- Diese Aufgabe ist mir leichtgefallen.

Atelier d'écriture — Auf die Stifte – fertig – los! Trainiere in jeder *Unité* intensiv deine Schreibfertigkeit.

Fais le point — TESTE DICH!
Im Anschluss an jede *Unité* findest du eine Doppelseite mit Checkaufgaben, anhand derer du deinen Lernstand überprüfen kannst.
Die Lösungen stehen online und zum Download bereit (Code Seite 1).
Du kannst die Checkaufgaben auch interaktiv und online machen: Gehe dazu ins Internet (Code Seite 1). Dann klicke *Fais le point* an und löse die Aufgaben. Du kannst ein leichtes oder ein schweres Niveau wählen. Im Anschluss erfährst du automatisch deinen Lernstand.
Hattest du Schwierigkeiten? Dann klicke auf die interaktiven Förderübungen passend zum *Fais le point* der jeweiligen *Unité* und übe noch einmal ganz gezielt.

MK — Übrigens: Wenn du das ***Carnet d'activités* mit interaktiven Übungen** erworben hast, findest du online außerdem viele weitere interaktive Übungen auf zwei Niveaustufen mit Lernstandsanzeige, vielen Audios und Lerntipps!
Viel Spaß!

Tu es en forme pour la rentrée ?

Hier wiederholst du schon Bekanntes ...

Devinette Rätsel (Wortschatz zur Beschreibung einer Person)

1 **Qui est qui ? Lis les phrases et complète le tableau.**

C'est logique !

1. Lisa habite à Nantes. Elle fait du basket dans un club.
2. La fille du milieu[1] aime le bleu et fait du piano.
3. Une des trois filles a 15 ans. Elle adore le rouge.
4. Pauline est à côté de Marie. Pauline aime le noir comme ses deux sœurs.
5. Une des filles a 14 ans. Elle fait de la danse.
6. La fille de 13 ans est de Toulouse. Elle a un chien. Et sa sœur a un rat.
7. Une des trois filles habite à Paris. Elle aussi a un animal, c'est une tortue.
8. La fille de Nantes adore les chats, mais son frère a une allergie, alors elle a des poissons.

Prénom :	______	______	______
Âge :	______	______	______
Ville :	______	______	______
Frères et sœurs :	______	______	______
Animal :	______	______	______
Activité :	______	______	______
Couleur[2] préférée:	______	______	______

1 du milieu in der Mitte **2 la couleur** die Farbe

Lire et comprendre

2 a **Vrai ou faux ? Lis le blog de Stella, page 5. Puis, lis les phrases en bas et coche les bonnes réponses.**

	vrai	faux
1. La saison idéale pour visiter la Corse, c'est le printemps.	☐	☐
2. À Bonifacio, on peut visiter une citadelle près de la mer.	☐	☐
3. Stella présente le stade de Bonifacio.	☐	☐
4. On peut aller aux îles Lavezzi en kayak ou en bateau.	☐	☐
5. Piana et Piantarella sont des noms de plages.	☐	☐
6. Il faut écrire des cartes postales quand on est à Piantarella.	☐	☐
7. On peut très bien manger dans la vieille ville.	☐	☐
8. Stella présente trois restaurants dans son blog.	☐	☐

ACCUEIL | LE BLOG DE STELLA | QUOI DE NEUF | CHAT | CONNEXION | JE CHERCHE

Salut ! Je m'appelle Stella et je suis de Bonifacio (*Bunifaziu* en corse) qui se trouve à l'extrême sud de l'île. Je voudrais trop vous faire découvrir la Corse (*Corsica* en corse). Alors, je commence par ma région, bien sûr. Les paysages sont super !

Quand est-ce qu'on peut aller en Corse ? Toute l'année, mais je vous conseille plutôt la période entre septembre et octobre parce qu'il n'y a pas trop de touristes et qu'il ne fait plus trop chaud. La température de l'eau et de l'air est idéale.

D'abord, vous pouvez visiter Bonifacio avec ses petites rues, le port et la citadelle. De la citadelle, on prend le grand escalier qui va jusqu'à la mer. Il y a 187 marches creusées dans la falaise ! La balade est vraiment super ! Vous pouvez aussi visiter les grottes de Bonifacio en bateau. C'est très joli !

Puis, rendez-vous à la plage de Piantarella qui se trouve à quelques kilomètres de Bonifacio. C'est une plage de rêve, surtout quand il n'y a pas trop de touristes ! Le sable est fin et blanc, l'eau est bleue et claire, c'est comme sur les cartes postales ! Vous pouvez passer la journée ici, c'est l'emploi du temps idéal pour une première journée à la plage. Mais le deuxième jour, il y a autre chose à faire : louer un kayak de mer à la base nautique sur la plage de Piantarella et de là, partir à l'aventure, direction les îles Lavezzi. Vous allez d'abord sur l'île de Piana qui se trouve à quinze minutes en kayak de Piantarella. Le paysage est super ! Et quand il fait beau, on peut même apercevoir la Sardaigne.

Pour les sportifs, il y a, par exemple, l'île de Cavallo à une heure et demie en kayak de mer. N'oubliez pas la crème solaire, votre casquette et les bouteilles d'eau ! Vous n'aimez pas trop le sport ? Pas de problème, vous pouvez prendre le bateau à Bonifacio pour visiter quelques îles quand même.
La journée à la mer vous a donné faim ? Prenez place dans un des très bons restaurants de la vieille ville. Ils sont assez chers, mais l'ambiance et la vue sont vraiment géniales !

À bientôt pour un autre endroit de ma région avec des idées de balades très sympa aussi !

b **Du hast Stellas Blogeintrag über Korsika gelesen. Berichte deinem Onkel, der im Herbst dorthin reisen möchte, aber kein Französisch kann, nur das, was ihn interessieren würde. Du weißt, dass er gern in der Natur und sehr sportlich ist. Mach dir Notizen und nimm dann eine Sprachnachricht an ihn auf.**

____

____

Les quantifiants Die Mengenangaben

3 a **Écoute le père de Hamza. Qu'est-ce qu'il faut acheter ? Coche.**

1  ☐
2  ☐
3  ☐
4  ☐
5  ☐
6  ☐
7  ☐
8  ☐
9  ☐
10  ☐

b Le père de Hamza rappelle son fils. Écoute et écris la liste des courses pour Hamza.

_______________ _______________

_______________ _______________

_______________ _______________

Bei der Angabe unbestimmter Mengen benutzt du
☐ keinen Artikel, wie im Deutschen.
☐ den Teilungsartikel *du, de l', de la, des*.

Bei der Angabe bestimmter Mengen benutzt du
☐ eine Maßeinheit wie *un kilo*.
☐ eine Maßeinheit wie *un kilo de*.

Des verbes irréguliers Unregelmäßige Verben

4 **Qu'est-ce que les copains font ce week-end ? Complète les phrases par les verbes irréguliers suivants : *aller*, avoir, *être*, *faire*, *pouvoir*, *prendre*, *vouloir*.** ▶ Verbes, p. 154–156

1. On _______________ la cuisine. Jeanne et Gabin _______________ une balade. Et vous, qu'est-ce que vous _______________ ?
2. Karim et Najat _______________ chez une tante. Moi, je _______________ à la montagne. Vous _______________ à un festival. Et toi, tu _______________ où ?
3. Tu _______________ le métro pour aller au parc ? Nous, nous _______________ nos VTT. Jean et Lili sont déjà dans le parc, ils _______________ des photos.
4. Marie _______________ chatter avec ses copains. Vous _______________ faire du shopping. Et toi, qu'est-ce que tu _______________ faire ? Moi, je ne _______________ pas ranger ma chambre.
5. Nous ne _______________ pas à la maison. Pauline _______________ chez une amie, moi, je _______________ au cinéma et vous, vous _______________ où ?
6. Il fait beau, on _______________ de la chance ! Mais nos copains _______________ beaucoup de devoirs, c'est nul ! Et vous, vous _______________ des devoirs pour lundi ?
7. Ils ne _______________ pas jouer au foot dehors parce qu'il pleut. Et moi, je ne _______________ pas aller au cinéma parce que je n'ai pas d'argent, alors, je regarde un film à la télé. Vous _______________ regarder le film avec moi ! Ça vous dit ?

Les déterminants possessifs Die Possessivbegleiter

5 a Qu'est-ce que vous faites aujourd'hui après les cours ? Entoure la bonne solution.

1. Marie va dans le parc avec sa son ses chien. Là, elle retrouve[1] sa son ses amie Agnès.
2. Karim et Najat prennent ses leur leurs affaires de sport et vont au stade.
3. Naïm rentre à la maison et chatte avec sa son leur copine.
4. Je ne peux pas travailler parce que ma mon mes frère et son ses leurs copains font trop de bruit.
5. Nous préparons quelque chose à manger parce que notre nos vos parents ne sont pas là.
6. Lucie appelle sa son leur grand-mère pour sa son leur anniversaire.
7. Paul et Lisa sont dans sa leur leurs chambre et font ses leur leurs devoirs.
8. Et toi, quand est-ce que tu ranges ton ta tes chambre ? Après les cours ?
9. Et vous, quand est-ce que vous faites notre votre vos devoirs ? Le soir ou le matin ?

1 **retrouver qn** jdn treffen

b Et toi, qu'est-ce que tu fais après les cours ? Raconte ! Écris au moins quatre phrases.

______

______

______

______

Des questions Fragen mit *est-ce que*

6 a Tu passes le week-end à Paris chez un ami. Ses copains ont des questions. Écoute et prépare-toi aux réponses. Prends des notes.

1. ______ 2. ______ 3. ______

4. ______ 5. ______ 6. ______

b Écoute encore une fois et réponds à voix haute aux questions à l'aide de tes notes.

7 Choisis un ou une protagoniste du livre. Dans un mail, pose-lui des questions et présente-toi. Écris dans ton cahier. ▶ C'est reparti !, p. 8–9

Unité 1 Vocabulaire : Présenter une ville

1 **Relie les mots qui vont ensemble.**

le bâtiment •	• l'œuvre d'art *f.*
le musée •	• la maison
le carrefour •	• le tram
le château •	• la boulangerie
le fleuve •	• le parc
le magasin •	• le pont
la mer •	• le port
l'arrêt *m.* •	• la rue

2 **Fais ces mots croisés.**

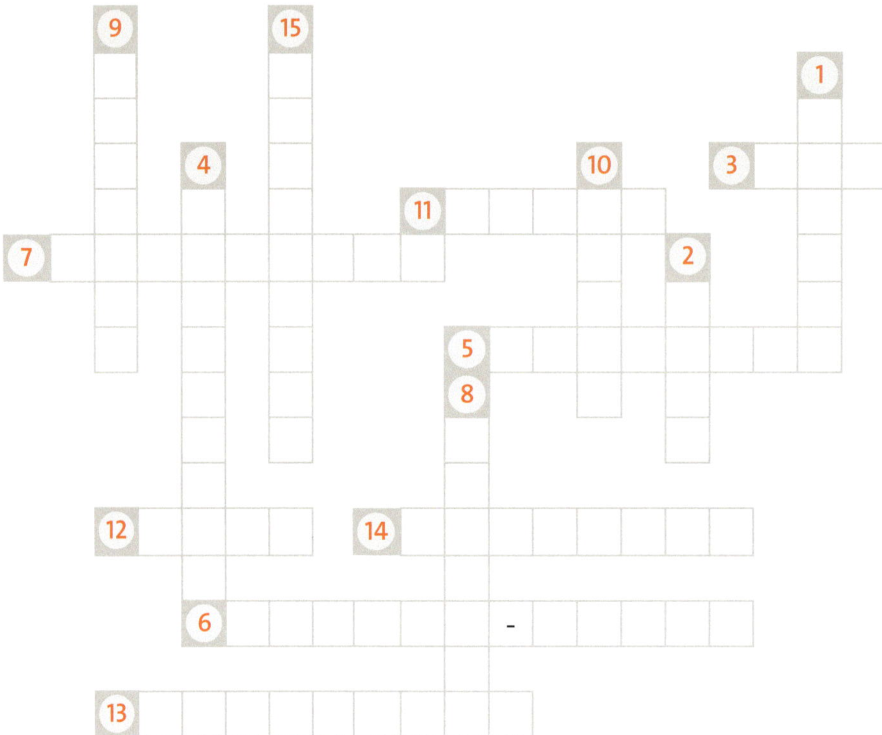

La Loire est le 1 qui traverse Nantes.
Le 2 Éric Tabarly traverse la Loire à Nantes.
L' 3 de Nantes se trouve sur la Loire. C'est aussi un des onze 4 de la ville.
La rue Crébillon est une rue 5 qui se trouve dans le 6 de Nantes.
Il y a des 7 comme la cathédrale et le 8 .
Dans le 6 de Nantes, il y a des 9 du Moyen-Âge[1].
Il y a des 10 et des magasins sympathiques près de la 11 Graslin.
Pour aller à la gare de Nantes, on peut prendre le 12.
Vous cherchez le collège Aristide Briand ? Il faut traverser le 13. Le 14 est à droite.
Le 15 préféré des élèves se trouve au bord de la Loire.

1 **le Moyen-Âge** das Mittelalter

3 **Décris une ville imaginaire comme dans l'exemple. Écris dix phrases dans ton cahier.**

Exemple : Bizarreville est une ville vraiment très bizarre. Il y a des bâtiments, mais il n'y a pas de rues.

Lire et comprendre

▸ p. 14

1 a Relis l'article du site web. De quoi est-ce qu'on parle dans le texte ? Coche les bons dessins.

1 
2 
3 
4 
5 
6 
7 

b Qui parle ? Relie les bulles aux photos. Attention : il y a deux bulles en trop !

Maël

Lamya

Alice

Kylian

1. Vous venez avec moi au skatepark ou au terrain de foot ?

2. On va passer le week-end à la plage, c'est super !

3. On va faire une balade en bateau demain. Beurk ! Je déteste la mer !

4. Où est mon vélo ? Je veux faire une balade !

5. J'adore faire du shopping dans le centre-ville de Nantes.

6. Je fais une vidéo sur les œuvres d'art de l'île.

c C'est qui ? Écris cinq devinettes sur le texte pour les poser à ton/ta partenaire. Note aussi les réponses.

Trucmuche[1] aime le terrain de foot près du château.

C'est Kylian !

1 Trucmuche *fam.* Dingsbums

Écouter et comprendre: Micro-écoute

2 **Écoute l'émission de radio et coche ensuite les bonnes réponses.**

1. L'émission de radio s'appelle ☐ A « Visite ma ville ! » ☐ B « Visitez ma ville ! »
2. Des jeunes de Nantes parlent ☐ A de leur vie. ☐ B de leur ville.
3. Près de la gare, il y a ☐ A le parc des plantes. ☐ B le jardin des plantes.
4. Pour les fans d'histoire, il y a ☐ A le château et le musée de la gare. ☐ B le château et le Mémorial de l'abolition de l'esclavage.
5. Les couleurs[1] du FC Nantes sont ☐ A le jaune et le vert. ☐ B le jaune et le bleu.
6. Jules Verne est né ☐ A le 8 février. ☐ B le 10 février.
7. Le « Voyage à Nantes » fait ☐ A deux kilomètres. ☐ B douze kilomètres.
8. On peut faire le parcours ☐ A cinq jours sur sept. ☐ B sept jours sur sept.

1 **la couleur** die Farbe

Vocabulaire et expression

3 a **Note les six noms au singulier et au pluriel. Utilise l'article indéfini.** ▶ Liste alphabétique, p. 200

Alle diese Nomen enden auf -eau. Sie bekommen im Plural ein ____ angehängt.

1 
2 
3 
4 
5 
6 

1	2	3	4	5	6
____	____	____	____	un bureau	____
____	____	____	____	____	____

b **Quel verbe va avec quel mot de a ? Complète les expressions comme dans l'exemple.**

prendre le bateau ____ faire ____ préparer ____

visiter ____ aller au ____ travailler à son ____

4 Comparer les langues : **In einem spanischen Forum liest du, was Jugendliche aus Barcelona mit ihrer Stadt verbinden. Notiere in deinem Heft, was du aufgrund französischer Wörter, die du schon kennst, verstanden hast.**

Para mí, Barcelona es la basílica "La Sagrada Familia", el puerto "Port Vell" con el puente la "Rambla de Mar", el centro con sus calles peatonales y sus cafés que están llenos de turistas...

Eduardo, 14 años

Para mí, Barcelona es el mar, la playa, los edificios modernos como la "Torre Glòries", el parque Güell, el estadio del Fútbol Club Barcelona "Camp Nou", y los monumentos como la "Casa Milà" de Antoni Gaudí o la catedral...

Blanca, 15 años

5 **Lucie se présente. Retrouve ce qu'elle dit et complète le texte.** ▶ Liste des mots, p. 174

le bateau • chiller • une chaîne • faire du vélo • les grands voyages • je suis née • moderne • partir en week-end

Je m'appelle Lucie. ______________________ à Nantes et j'adore ma ville. J'habite sur l'île dans un appartement ______________________ avec vue sur la Loire. J'aime bien ______________________ avec mes copains, par exemple, dans le parc de Beaulieu et ______________________. Avec ma famille, on aime ______________________ et pendant les vacances, on part loin. On aime prendre ______________________. On adore ______________________ ! J'ai même ______________________ Youtube qui donne des infos intéressantes sur beaucoup de pays[1].

1 **le pays** das Land

S'entraîner

6 a **Décris les quatre copains. Relie les deux phrases par le pronom relatif *qui* comme dans l'exemple.**
▶ Grammaire, p. 26/1

1. Maël est un garçon. Il aime les balades à vélo. → Maël est un garçon qui aime les balades à vélo.
2. Lamya est une fan de voyages. Elle aime les bateaux.
   → ______________________
3. Kylian aime le skatepark. Le skatepark se trouve au bord de la Loire.
   → ______________________
4. Alice a une chaîne Youtube. La chaîne s'appelle « Alice à Nantes ».
   → ______________________
5. À Nantes, il y a beaucoup d'endroits sympa pour les quatre copains. Ils aiment chiller ensemble.
   → ______________________
6. Sur la Loire, il y a beaucoup d'îles. Elles sont très jolies.
   → ______________________

6 b **Complète les devinettes par les pronoms relatifs *qui* ou *où*.** ▶ Grammaire, p. 26/1–2

1. C'est un bâtiment _________ est moche, mais _________ on aime monter parce que la vue est super !
2. C'est un monument _________ se trouve dans le centre-ville et _________ il y a un musée d'histoire.
3. C'est quelqu'un _________ est né à Nantes en 1828 et _________ est un auteur très célèbre.
4. C'est un endroit _________ se trouve sur la Loire et _________ il y a un éléphant !
5. C'est un endroit _________ on peut jouer au basket et _________ est une œuvre d'art.
6. C'est un monument _________ est dans le centre-ville et _________ se trouve sur la place Saint-Pierre.

c **Devine maintenant de quoi ou de qui on parle en b.**

> Pour trouver les réponses, regarde aussi le plan de Nantes dans ton livre.

1. C'est _________ 3. _________ 5. _________

2. _________ 4. _________ 6. _________

★ **7** **Explique les mots suivants. Utilise les pronoms relatifs *qui* et *où*.** ▶ Grammaire, p. 26/1–2

1. Un magasin, c'est un endroit qui se trouve dans un centre commercial et où on peut acheter des choses.
2. Une plage, c'est _________
3. Un port, c'est _________
4. Un parc, c'est _________
5. Un fan, c'est _________
6. Une maison, c'est _________

8 **Complète le dialogue par *ou* (oder) ou *où* (wo).**

> Auf dem „wo" sitzt ein Floh!
>
> 
>

Lamya : Kylian, tu vas _________ ce week-end ? Au skatepark _________ au terrain de foot ?

Kylian : On va à Saint-Nazaire _________ il y a un festival de musique. Et toi ? Tu pars en week-end à la mer _________ tu restes à Nantes ?

Lamya : Je vais rester ici. À la Maison du quartier, il y a un atelier jardin _________ je voudrais aller.

9 a Complète les mots croisés par les formes du verbe *sortir*. ► Verbes, p. 155

vous

il/elle/on

nous

infinitif S O R T I R

je

ils/elles

tu

b Qu'est-ce qu'ils disent ? Complète les phrases par des formes des verbes *partir* et *sortir*.

Die Verben partir (weggehen, wegfahren) und sortir (ausgehen, hinausgehen) haben die gleiche Konjugation.

Moi, je ne ______ pas dans la rue, il pleut trop.

1 

Vous ______ en week-end ?

2 

Maël et sa mère ______ en vacances.

3 

4 

On termine les maths et après, on ______ un peu, d'accord ?

Tu ______ où ?

5 

Je ______ en Italie. Ciao !

Nous ______ à Oudon. Il y a une fête au château.

6 

10 a Tessa présente sa chambre. Retrouve ce qu'elle raconte, puis écris les phrases dans ton cahier. N'oublie pas les majuscules et les points. ▶ Grammaire, p. 26/3

1. j' · ai · chambre · une · petite
2. droite, · il · y · à · un · lit · a · grand
3. bleue · lit · se · du · une · gauche · à · trouve · armoire
4. la · y · joli · devant · fenêtre, · a · il · un · bureau
5. ai · j' · des · moches · ordinateur · étagères · moderne · un · et
6. célèbres · mur, · il · des · chanteurs · y · au · a · de · photos

Was haben die Adjektive *bon, joli, grand, petit* gemeinsam?

- ☐ Sie stehen vor dem Nomen.
- ☐ Sie stehen hinter dem Nomen.
- ☐ Sie sind unveränderlich.
- ☐ Sie sind veränderlich.

b À l'aide des phrases de a, trouve la chambre de Tessa. Coche le bon dessin.

★ **11** Antonin décrit sa ville. Aide-le et ajoute des adjectifs. Tu peux utiliser plusieurs fois le même adjectif. Fais attention à la place et à l'accord de l'adjectif ! ▶ Grammaire, p. 26/3

bizarre • bon/bonne • célèbre • grand/e • intéressant/e • joli/e • moderne • petit/e • sympa

Nantes est une ______ ville ______. Le «Voyage à Nantes» est un ______ parcours ______ qui présente des ______ endroits ______ et des ______ œuvres d'art ______. Dans le centre-ville, il y a un ______ château ______. La ______ cathédrale ______ se trouve sur la place Saint-Pierre. Les touristes aiment faire des balades dans les rues piétonnes, manger une ______ glace[1] ______, faire du shopping dans les ______ magasins ______ ou chiller dans le ______ jardin des plantes ______ qui se trouve près de la gare. Ils vont aussi au Passage Pommeraye qui est un ______ centre commercial ______. Ils visitent les ______ Machines de l'Île ______ avec son ______ éléphant ______. Ils entrent dans des ______ bâtiments ______ et jouent au ping-pong sur des ______ tables ______.

1 **la glace** das Eis

Lire et comprendre

1 Vrai ou faux ? Relis le texte, p. 17–18 dans ton livre. Puis, coche les bonnes réponses et corrige les phrases fausses.

▸ p. 17–18

	vrai	faux
1. Alice fait une vidéo de son quartier.	☐	☐
2. Elle va jusqu'à l'Arbre à basket, près de la Loire.	☐	☐
3. Un jeune aime le terrain de trampolines qui s'appelle « Balade sur la Lune ».	☐	☐
4. Dans une cour, Alice présente une grande œuvre d'art.	☐	☐
5. Elle continue jusqu'aux Anneaux de Buren qui sont bleus, blancs et rouges, le soir.	☐	☐
6. Le bâtiment qui se trouve en face des anneaux est le musée Jules Verne.	☐	☐
7. La machine préférée des touristes est un éléphant extraordinaire.	☐	☐

____

____

____

____

Vocabulaire et expression

2 a Alice explique à des touristes comment on va au parc de Beaulieu. Complète le texte par les verbes suivants.

aller continuer prendre traverser

Ici, nous sommes boulevard Georges Pompidou. Pour ______________ au parc de Beaulieu, c'est très facile. Vous ______________ la place Gaston Defferre et vous ______________ la première rue à gauche, c'est la rue des Salicornes. Ensuite, vous ______________ tout droit jusqu'au parc.

b Überprüfe die Wegbeschreibung im Internet auf einer Online-Karte. Wo hat sich Alice geirrt ? Korrigiere.

____

____

In Deutschland schaltet eine rote Ampel erst auf gelb, bevor sie auf grün schaltet. In Frankreich schaltet eine rote Ampel direkt auf grün.

★ 3 Tu es à Nantes. Explique le chemin de A à B à des touristes. ▸ Mots pour le dire, p. 172

Pour aller au Collège Jules Verne, ______________________________

____

▸▸▸

2 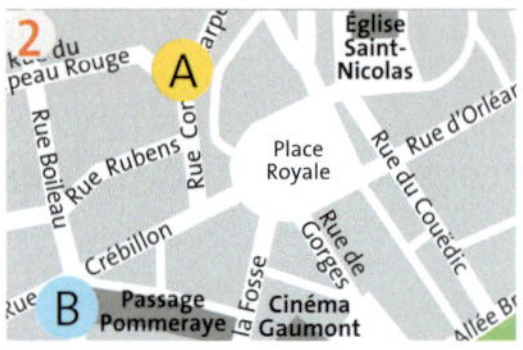

Pour aller au Passage Pommeraye, ______________________________

____

3 

Pour aller au Cinéma Gaumont, ______________________________

____

4 

Pour aller au Parc Élisa Mercœur ______________________________

____

Écouter et comprendre

4 **Jade te pose une devinette. Écoute son message vocal et regarde le plan dans ton livre. Où est-ce qu'elle se trouve ? Coche.** ▶ Plan de Nantes

A ☐ au château de Nantes
B ☐ au parc Élisa Mercœur
C ☐ devant l'église Sainte-Croix
D ☐ devant la Tour Bretagne

Welche Ampel steht wo? Achte auch auf Details und ordne zu.

1 
2 
3 

☐ Großbritannien
☐ Deutschland
☐ Frankreich

S'entraîner

5 a Complète les mini dialogues par les formes du verbe *venir*. ▶ Verbes, p. 156

1. – Coucou Alice, c'est moi, Jeanne ! Je ______________ chez toi, samedi !
   – Cool ! Je suis trop contente ! Tu ______________ en train ?
2. – Ma cousine ______________ ce week-end à Nantes avec un ami.
   – Ils ______________ d'où ? De Paris ?
3. – Nous ______________ de Bordeaux.
   – Nous, on ______________ de Toulouse !
4. – Vous ______________ souvent sur l'Île de Nantes ?
   – Oui, on ______________ souvent ici, on adore le quartier !

★ b Les copains parlent de leur programme pour cet après-midi. Complète le dialogue par des formes du verbe *venir* ou *aller* au présent, à l'impératif, à l'infinitif ou au futur composé. ▶ Verbes, p. 155–156

Kylian : Maël et moi, nous ____________________ au skatepark cet après-midi. Est-ce que vous ____________________ avec nous ?

Alice : Moi, je ne peux pas ____________________ avec vous. Je ____________________ chez mes grands-parents.

Lamya : Et moi, je ne peux pas non plus, ma copine Aziza ____________________ chez moi à quinze heures.

Maël : ____________________ avec ta copine !

Lamya : Merci, mais nous ____________________ au cinéma après… Et Paul et Gabriel ?

Kylian : Ils ne ____________________ pas non plus, mais Paul fête son anniversaire dimanche. Je ____________________ à sa fête.

Alice : Cool ! Nous aussi, nous ____________________ ____________________ à sa fête ! Bon, Lamya, tu ____________________ ? On va être en retard.

6 a Qui habite dans quelle tour[1] et à quel étage[2] ? Écoute et relie. ▶ Nombres, p. 158

1 **la tour** der Turm, das Hochhaus 2 **un étage** eine Etage

b Décris en une phrase où Léa et Idriss habitent.

____

____

7 a **Trouve les questions aux réponses suivantes. Utilise *quel*, *quelle*, *quels* ou *quelles*.** ▶ Grammaire, p. 27/5

> Vor Konsonanten werden alle vier Formen gleich ausgesprochen: [kɛl]

1. – ______________________________
   – Le nom de la chaîne Youtube d'Alice est « Alice à Nantes ».

2. – ______________________________
   – L'endroit préféré de Kylian, c'est un terrain de foot.

3. – ______________________________
   – Je préfère l'idée de Lamya.

★ **b** **Trouve les questions, comme en a. | Finde das Bezugswort für die Frage selbst heraus.**

1. – ______________________________
   – Demain, on va visiter la cathédrale et le château.

2. – ______________________________
   – J'aime bien Paris, mais je préfère Nantes.

3. – ______________________________
   – J'aime les chats, les tortues... et les éléphants !

Médiation

8 **Deine Eltern möchten mit dir und deinen Brüdern nach Nantes fahren. Im Familien-Chat posten sie Ideen, aber auch Zweifel. Du suchst im Internet nach Berichten über den „Arbre aux hérons" und stößt auf folgenden Text. Lies ihn und erkläre in deinem Heft, worum es sich handelt.** ▶ Méthodes, p. 150/24

Wir 5 Goldfinger

Papa
Guckt euch dieses Schloss an! Und dann soll es in Nantes auch was ganz Modernes geben, „Arbre aux hérons" heißt das. 11:46

Lukas Bro
Schloss ist ok. Aber ein Baum mit Vögeln??? Haben wir hier auch. 11:46

David Bro
Habe nachgeschaut: „hérons" sind Reiher, also wirklich Vögel! 11:47

Vous venez à Nantes ? Il faut absolument visiter les machines de l'île ! Elles sont extraordinaires ! Il y a la galerie des machines, le carrousel – et l'éléphant, bien sûr ! Mais ce n'est pas tout. Bientôt, il va y avoir une nouvelle machine : l'Arbre aux Hérons. Un arbre ? Oui, mais un arbre énorme avec des jardins en hauteur où on peut faire des balades sur une longueur de plus d'un kilomètre ! Ça va être super joli, comme dans une histoire fantastique ! Et tout en haut, à plus de 30 mètres de hauteur, il va y avoir deux hérons (aussi des machines !) qui vont VOLER comme des VRAIS OISEAUX ! Et nous, on va pouvoir faire des petites balades dans les hérons. C'est vraiment extraordinaire ! Alors oui, il faut venir à Nantes, parce que c'est l'endroit où la mécanique, c'est comme de la magie !

Parler – Tandem

9 Du (B) bist in Nantes bei einem Freund / einer Freundin (A). Es ist Wochenende und ihr besprecht das Programm für den Tag.

So arbeitet ihr im Tandem: Deckt die Seite so ab, dass A nur die linke Spalte sieht und B nur die rechte. Korrigiert euch gegenseitig mit Hilfe der vorgegebenen Lösungen. A fängt an.

A

1. A : Frage B, was er/sie heute tun will.
   B : Je voudrais visiter les Machines de l'Île.
2. A : Du findest das eine gute Idee. Sie sind sehr interessant.
   B : Il y a vraiment un éléphant qui marche comme un vrai éléphant ?
3. A : Du bejahst und sagst, dass er außergewöhnlich ist. Er ist der Star der Insel.
   B : Il y a aussi des œuvres d'art sur l'île. Quel est le nom du grand monument qui se trouve au bord de la Loire ?
4. A : Du sagst, dass das die „Anneaux de Buren" sind. Abends ist das ein toller Spaziergang, weil die „Anneaux" blau, rot und grün sind.
   B : Super ! On pourrait quand même faire une balade au bord de la Loire l'après-midi?
5. A : Du bejahst, natürlich. Dann könntet ihr zum „Ping-Pong Park" gehen, der sich auch am Loire-Ufer befindet. Du fügst hinzu, dass die Tischtennistische sehr stylish (*très design*) sind.
   B : Cool ! En plus, j'adore jouer au ping-pong ! Est-ce qu'il y a un tram qui va sur l'île ?
6. A : Du bejahst und sagst, dass ihr die Linie 2 nehmen (*prendre la ligne* 2) könnt. Du schlägst vor, am Abend zu den „Anneaux" zu gehen und Fotos zu machen. Du fragst B, ob das ihm/ihr zusagt (*ça te dit*).
   B : D'accord ! Est-ce qu'on a quelque chose à manger ?
7. A : Du schlägst vor, Äpfel und Kekse zu kaufen und fragst B, welche Kekse er/sie mag.
   B : J'adore les biscuits au chocolat !
8. A : Fordere B auf, jetzt mit dir rauszugehen (*sortir*) und die Kekse einzukaufen.
   B : Oui, c'est une bonne idée. On y va !

B

1. A : Qu'est-ce que tu veux faire aujourd'hui ?
   B : Du sagst, dass du die „Machines de l'Île" besichtigen möchtest.
2. A : Bonne idée ! Elles sont très intéressantes.
   B : Du möchtest wissen, ob es wirklich einen Elefanten gibt, der wie ein echter Elefant läuft (*marcher comme un vrai éléphant*).
3. A : Oui. Il est extraordinaire. C'est la star de l'île.
   B : Du stellst fest, dass es auf der Insel auch Kunstwerke gibt. Du fragst A nach dem Namen des großen Bauwerks (*le grand monument*), das sich am Loire-Ufer befindet.
4. A : Ce sont les Anneaux de Buren. C'est une super balade le soir parce que les anneaux sont bleus, rouges et verts.
   B : Du findest das super. Du fragst, ob ihr trotzdem am Nachmittag an der Loire (*au bord de la Loire*) spazieren gehen könnt.
5. A : Oui, bien sûr. Alors, on pourrait aller au Ping-Pong Park qui se trouve au bord de la Loire aussi. Les tables de ping-pong sont très design.
   B : Du findest das cool. Außerdem liebst du es, Tischtennis zu spielen. Du fragst, ob es eine Straßenbahn gibt, die zur Insel fährt.
6. A : Oui, on peut prendre la ligne 2. Le soir, on peut aller aux Anneaux et faire des photos. Ça te dit ?
   B : Du bist einverstanden. Frage A, ob ihr etwas zu essen (*quelque chose à manger*) habt.
7. A : On pourrait acheter des pommes et des biscuits. Quels biscuits est-ce que tu aimes ?
   B: Du sagst, dass du Schokoladenkekse liebst!
8. A : On sort et on achète les biscuits maintenant ?
   B : Du stimmst zu und sagst, dass das eine gute Idee ist. Los geht's (*on y va*)!

Lire et comprendre

▸ p. 20

1 **Vrai ou faux ? Relis le texte, p. 20 dans ton livre. Coche les bonnes réponses, puis corrige les phrases fausses.**

	vrai	faux
1. Jeanne et Gabin prennent le train pour Nantes.	☐	☐
2. Ils vont passer le week-end chez la cousine de Gabin, Alice.	☐	☐
3. À Nantes, Jeanne veut aller au musée d'arts.	☐	☐
4. Gabin veut visiter les Machines de l'île.	☐	☐
5. Le TGV va bientôt partir, Gabin veut rater le départ.	☐	☐
6. Les deux amis arrivent à Nantes à 10 h 45.	☐	☐
7. Dans le train, Jeanne répond à un message d'Alice.	☐	☐
8. Alice et sa mère attendent Jeanne et Gabin dans la gare.	☐	☐

Im TGV kann man nur mit Reservierung fahren. Wie ist das im ICE?

____

____

____

____

____

Écouter et comprendre

2 a **À quelle heure est-ce que le TGV de Paris va arriver à Nantes ? Écoute l'annonce et coche la bonne réponse.**

☐ 14 h 15 ☐ 15 h 45 ☐ 18 h 00 ☐ 20 h 05 ☐ 20 h 15

b **Tu es à la gare. Écoute et complète le tableau.**

1. Le TGV pour Brest,	**départ** ______,	**voie** ______
2. Le TGV pour ______,	**départ** 9 h 05,	**voie** ______
3. Le TGV pour ______,	**départ** ______,	**voie** 18
4. Le TGV pour ______,	**départ** ______,	**voie** ______
5. Le TGV pour ______,	**départ** ______,	**voie** ______
6. Le TGV pour ______,	**départ** ______,	**voie** ______

S'entraîner

3 a Écoute et complète le poème. ▶ Verbes, p. 155

Die Verben *attendre* (warten), *répondre* (antworten) und *descendre* (aussteigen) haben die gleiche Konjugation.

J' ______________________ là.

Tu ______________________ quoi ?

Je ne sais pas.

On ______________________ là ?

Pourquoi pas.

______________________ là !

______________________ là !

Ils ______________________ quoi ?

On ne sait pas!

★ **b** Au choix : Écris un poème avec le verbe *répondre* ou *descendre* comme en a.

Je ne réponds pas ! ______________________

Je descends à Blois. ______________________

4 **C'est samedi, le jour du départ. Qu'est-ce que Gabin dit ? Complète les phrases. Utilise *il (ne) faut (pas)* + *acheter/descendre/être/oublier/rater*.**

1. Allez ! On y va ! ______________________________ en retard.
2. Où sont les billets ? ______________________________ les billets !
3. Bon, on a des sandwichs, maintenant, ______________________________ des boissons.
4. Attendons là ! ______________________________ le départ !
5. Bon, tu as ta valise ? Fais vite ! ______________________________.

b **Écoute et corrige tes réponses de a, si nécessaire. Puis, écoute encore une fois et répète.**

5 a **Qu'est-ce qu'ils font le week-end ? Écris des phrases dans ton cahier, comme dans l'exemple.**

Exemple : 1. Quand je suis à la maison, je fais la cuisine pour ma famille. / Je fais la cuisine pour ma famille quand je suis à la maison.

b **Et toi ? Qu'est-ce que tu fais le week-end, quand il pleut / quand tes parents ne sont pas à la maison / quand… ? Réponds et écris au moins six phrases dans ton cahier.**

Vocabulaire et expression

6 a L'ordinateur ne marche pas bien. Retrouve les mots et expressions.

Karim et Jamal nsto cnottsne ______________________. Ils partent en week-end chez leurs cousins. Ils pnntrene el trnai prou ______________________ Lyon. Ils rrvntaie à al rgae ______________________ à 9 h 50. Lse lbltsie ______________________ sont sur le portable de Jamal. El VGT prou ______________________ Lyon arrive. Le prdtéa ______________________ est à 10 h 02, sur al eiov ______________________ 12. Il est déjà 9 h 58. Karim veut acheter des boissons, mais Jamal est contre. Il ne veut pas rtrae el atirn ______________________ qui part sand qtruae mntsieu ______________________, alors, ils mntntoe dnsa el tinar ______________________. À Lyon, quand ils csdntedene ud GVT ______________________ avec relus silaves ______________________, leurs cousins ttndntaee sru el qiau ______________________.

b Coche le dessin qui va avec le texte de a.

1

2

3

4

Écrire

7 Dans le train, Jeanne a un message d'Alice. Imagine sa réponse. Écris au moins 60 mots.

____

1 Atelier d'écriture

Im *Atelier d'écriture* trainierst du intensiv das Schreiben.

1 a **Des amis francophones vont venir dans ta ville / ton village / ton quartier / ta région. | Du bereitest einen kleinen Reiseführer für deine Freunde vor. Wähle drei Wendungen aus den *Mots pour le dire*, S. 171/11 aus, die du benutzen möchtest.**

____

____

____

b **Wähle sechs Orte aus, die du vorstellen möchtest.** ▶ Liste des mots, p. 174 ▶ Banque de mots, p. 162

_______________ _______________ _______________

_______________ _______________ _______________

2 **Qu'est-ce qu'il faut visiter dans ta ville / ton village / ton quartier / ta région ? Complète ces conseils pour tes amis à l'aide de tes résultats de 1.**

_______________, c'est _______________ où on peut _______________.

Il faut aller à/au/_______________. C'est mon endroit préféré.

_______________, c'est _______________ qui _______________.

Vous pouvez _______________.

Visitez aussi _______________ parce que _______________.

Quand il pleut, vous pouvez _______________.

Quand il fait beau, allez _______________.

Là, on peut _______________.

★ **3** **Choisis une des villes imaginaires et écris un flyer pour des jeunes touristes francophones. Tu peux prendre le texte de 2 comme modèle. Écris dans ton cahier.**

la maison l'arbre *m.* le parc

le fleuve la mer le bateau

le terrain de sport le stade le skatepark

Hier überprüfst du, ob du die Inhalte der Unité 1 beherrschst. Löse die folgenden Aufgaben hier oder in der interaktiven Variante auf scook.de und vergleiche deine Ergebnisse mit den Lösungen dort. ▶ Code, S. 1

Vocabulaire

1 **Trouve pour chaque rubrique cinq noms et écris-les avec l'article indéfini.**

la gare : ______________________________

le fleuve : ______________________________

le centre-ville : ______________________________

Les mots pour le dire

2 **Qu'est-ce qu'il faut dire ? Coche la bonne réponse.**

1. ☐ A J'aime partir au week-end et faire des balades avec mon vélo.
   ☐ B J'aime partir en week-end et faire des balades à vélo.
2. ☐ A Pour aller au marché, vous continuez à droite au carrefour et c'est là.
   ☐ B Pour aller au marché, vous continuez tout droit jusqu'au carrefour et c'est là.
3. ☐ A Le stade ? Alors, vous traversez la place et vous prenez la deuxième rue à droite.
   ☐ B Le stade ? Alors, vous prenez la place et vous prenez la deuxième rue tout droit.
4. ☐ A Les Anneaux de Buren se trouvent dans la Loire.
   ☐ B Les Anneaux de Buren se trouvent au bord de la Loire.
5. ☐ A Quelles sont les couleurs des Anneaux de Buren, le soir ?
   ☐ B Quelles couleurs sont les Anneaux de Buren, le soir ?
6. ☐ A Allez, vite ! On y va ! Il ne faut pas rater le train.
   ☐ B Allez, vite ! On va ! Il ne faut pas prendre le train.

Der Relativsatz mit *où* und *qui*

3 ***Qui* ou *où* ? Complète le texte.**

Pornic est une petite ville ________ se trouve à 45 kilomètres de Nantes, au bord de l'océan Atlantique. C'est un endroit ________ les touristes aiment venir pour son château, son port et ses plages ! La grande plage de Noëveillard, ________ a 150 mètres de longueur, se trouve près du petit port ________ il y a beaucoup de jolis bateaux.

Die Verben auf *-ir* (Typ *sortir*), auf *-re* (Typ *attendre*) und *venir*

4 **Complète les phrases par la bonne forme des verbes.**

1. Paul et Marie ______________ (*venir*) à Nantes samedi. 2. Lili, tu ______________ (*venir*) avec nous chez Nora ? 3. Noé ______________ (*partir*) à vélo avec ses copains. 4. Moi, je ______________ (*descendre*) à l'arrêt « Schoelcher ». 5. Tom et Ali, vous ______________ (*attendre*) vos copains devant la gare ? 6. Quand il pleut, nous ne ______________ (*sortir*) pas longtemps. 7. Elsa ______________ (*répondre*) à ses messages. 8. Vous ______________ (*venir*) ? On y va ! 9. Je ______________ (*partir*) en week-end chez ma cousine.

Der Fragebegleiter *quel*

5 **Hugo pose beaucoup de questions à Dalia. Complète ses questions.**

1. ______________ est ta boisson préférée ?
2. ______________ est ton plat préféré ?
3. ______________ sont tes couleurs préférées ?
4. ______________ séries est-ce que tu aimes regarder avec ta famille ?
5. ______________ animaux est-ce que tu adores ?
6. ______________ endroit est-ce que tu détestes ?

C-Test : Cocktail

6 **Complète le texte.**

Younès et Nassim vont chez leurs cousines à Paris. Ce week-______ va êt______ super ! Qu______ ils arri________ à l___ gare, le_____ train e_____ là. Vi_____ ! Il n___ faut pas ra______ le dép________.

À la ga_____ Montparnasse, leurs cous________ Sarah et Lina atte________ déjà s_____ le qu_____.

L'après-________, ils par________ faire u_____ balade à vé_____ au bo_____ de l___ Seine. Il y a beau________ de mo________ ! Le so_____, ils sor________. Ils fo_____ des pho______ de monu________ célèbres.

Dima________, ils vo_____ sur l___ tour Eiffel. La v_____ est extraor__________ ! Après, l_____ jeunes pren________ le mé_____ et desce________ à Montmartre. C'est u___ quartier sy______. Là, s_____ la jo______ place du Tertre, il y a d_____ touristes q_____ viennent i_____ pour chi________. Les quatre cousins aiment l'ambiance.

Module 1 : En cours de français

1 a Un prof parle à ses élèves. Écoute et trouve la réaction qui correspond. Note le numéro à la bonne place. | Hör dir an, was ein Lehrer zu seinen Schülern sagt und finde die jeweils passende Schülerreaktion.

☐ A C'est à quelle page ?
☐ B Oh non, jeudi, on a déjà un contrôle d'anglais !
☐ C Oh, encore deux minutes, s'il vous plaît !
☐ D Monsieur, j'ai oublié mes écouteurs à la maison.
☐ E C'est à moi !
☐ F Moi, Monsieur !
☐ G Monsieur, je n'ai pas mes devoirs.

b Écoute encore une fois ce que dit le professeur et réagis. | Reagiere nun selbst auf das, was der Lehrer sagt.

2 Pour la fête du collège, Gabriel joue un sketch. Retrouve ce qu'il dit et écris la version sérieuse du texte.

apprenez • commence • contrôle • devoirs • exercice • feuille • groupe • lire • page • phrase • questions • regardez • tablette • texte • vocabulaire

1. Prenez une fenêtre et faites l'écouteur numéro 4. Travaillez en page !
2. On va corriger les livres ! Qui termine ?
3. Maintenant, lisez la vidéo sur votre table.
4. Lisez le groupe, phrase 32 et répondez aux réponses.
5. Corrigez le contrôle de l'unité 1 pour mercredi, on va faire un cahier.
6. Maintenant, on va apprendre le texte. Lukas, tu lis la première feuille, s'il te plaît ?

____

____

____

____

☆ **3 a** Retrouve les formes du verbe *lire* et écris-les dans le bon ordre. | Achtung, es haben sich drei Formen anderer Verben eingeschlichen ! ▶ Verbes, p. 154

ils/elles/lisentilsellesontjelisilestnouslisonsjesuislireilelleonlitvouslisztulis

____________	____________
____________	____________
____________	____________
____________	____________

★ **b** Où est-ce qu'on peut lire quoi ? Écris six phrases avec des formes du verbe *lire* dans ton cahier.

je • tu • ___ | une phrase • un poème • ___ | sur mon/ton/ ___ lit • en cours • dans le train • ___

Hier wiederholst du schon Bekanntes …

Les expressions avec *moi, toi, …* Ausdrücke mit *moi, toi, …*

1 a **Comment est-ce qu'on dit cela en français ? Trouve les phrases.** ▶ Mots pour le dire, p. 164

Ich bin Léo. Und du? | Nein, ich bin dran! | Wir sind's! | Ich bin bei mir zu Hause. | Ich auch nicht. | Ich auch. | Ich schon.

b **Complète les mini-dialogues par tes résultats de a.**

1. – Coucou ! ______________________
   – Ah, c'est vous, super !
2. – ______________________
   – Moi, je m'appelle Liam.
3. – Je n'aime pas les rats, et vous ?
   – ______________________ Beurk !
   – ______________________ Ils sont chou !
4. – Où est-ce que tu es, là ?
   – ______________________
5. – Je fais du foot dans un club.
   – ______________________ J'adore le foot !
6. – C'est à qui ? C'est à Noé ?
   – ______________________

Les nombres jusqu'à 1000 Die Zahlen bis 1000

2 **Quelle est la distance[1] entre ces villes ? Écoute et entoure la bonne réponse.**

1.	Nantes – Cologne	866 km	816 km	876 km
2.	Paris – Stuttgart	623 km	633 km	683 km
3.	Strasbourg – Berlin	560 km	660 km	760 km
4.	Toulouse – Kehl	946 km	956 km	966 km
5.	Blois – Munich	981 km	991 km	992 km
6.	Lyon – Sarrebruck	423 km	523 km	533 km
7.	Lille – Düsseldorf	309 km	319 km	329 km
8.	Tours – Leipzig	408 km	418 km	428 km

1 **la distance** die Entfernung

L'article contracté + *à/de* Der zusammengezogene Artikel + *à/de*

☆ **3** **Qu'est-ce qu'ils font et quand ? Écris les phrases. Utilise *faire du / de la / de l' / des*.**

1

2

3

4

5

1. *Le lundi, elles font du foot.*
2. ______________________
3. ______________________
4. ______________________
5. ______________________

... in Vorbereitung auf die nächste Unité.

★ **4** Où est-ce qu'ils sont ? Où est-ce qu'ils vont ? Écris les phrases comme dans l'exemple. Utilise *être/aller à la / à l' / au / aux*.

1. Kylian – collège – maison
2. Maël – cantine – CDI
3. les touristes – plage – hôtel
4. Lamya – école de musique – stade
5. vous – toilettes – salon
6. Alice et Jeanne – château – cathédrale

1. Kylian est au collège et après, il va à la maison.
2. ______
3. ______
4. ______
5. ______
6. ______

Des expressions avec *avoir* et *être* Redewendungen mit *avoir* und *être*

5 a Pour parler de ta journée, note d'abord le verbe *avoir* ou *être* devant les compléments . | Notiere das Verb *avoir* oder *être* vor den Ergänzungen. ▶ Liste des mots, p. 200

______ content/e ______ des idées sympa ______ contre

______ beaucoup de devoirs ______ cours jusqu'à 17 heures ______ de la chance

______ bon/ne en anglais ______ soif/faim ______ en retard

b Écris un message à un ami français / une amie française et parle de ta journée cauchemar ou de ta journée préférée. Utilise au moins cinq expressions de a et écris dans ton cahier.

La négation au futur composé Die Verneinung im *futur composé*

6 Qu'est-ce que Bruno ne va pas faire samedi ? Retrouve et écris les phrases et imagine une explication.

1. ne ses faire devoirs pas va Bruno

______ parce que/qu' ______

2. ranger ne sa il va chambre pas

______

3. il la regarder va ne télévision pas

______

4. pas jeux jouer à des vidéo ne il va

______

Unité 2 Vocabulaire : Raconter son week-end

☆ **1 a Qu'est-ce qui va ensemble? Range les mots dans le tableau, comme dans l'exemple.**

les boules (f. pl.) • le piano • le ping-pong • la guitare • les cartes (*f. pl.*) • l'accordéon (*m.*)

le basket • la console • le foot • les jeux vidéo (*m. pl.*) • le jeu des familles • les percussions (*f. pl.*)

jouer à		jouer de
au foot		du piano

★ **b Complète les mini-dialogues par *jouer à/de* ou *faire de*. Parfois, il y a plusieurs possibilités.**

1. – Tu ______________________ foot dans un club ?

   – Oui, et je ______________________ arts martiaux aussi.

   – Moi, je ______________________ basket. Et je ______________________ escalade aussi.

2. – Tu ______________________ très bien ______________________ guitare !

   – Merci ! Je ______________________ guitare depuis l'âge de six ans.

   – Eh bien, moi, je ______________________ piano depuis longtemps,

   mais je ne ______________________ pas très bien.

2 a Qu'est-ce que Soraya va faire ce week-end ? Complète.

aller • chanter • chiller • danser • faire la fête • faire plein de trucs • faire une excursion • manger du poisson • partir tôt • passer • rentrer tard

On va passer ______________ le week-end chez des cousins, à Pornic. On va ______________________ samedi matin et on va ______________________ dimanche soir. On va ______________________ ______________________ : d'abord, on va ______________________ à vélo, et on va ______________________ sur la plage. Samedi soir, on va ______________________ en ville et ______________________ dans notre restaurant préféré. Et après, on va ______________________ nos chansons préférées et on va ______________________. On va ______________________ !

b Ce week-end, il ne va pas faire beau. Qu'est-ce que tu vas faire ? Qu'est-ce que tu ne vas pas faire ? Raconte et écris au moins six phrases dans ton cahier.

Vocabulaire et expression

▸ p. 36

1 a **Trouve les mots de la même famille qui se trouvent dans les textes, p. 36.** ▸ Méthodes et stratégies, p. 147/19.3

l'art (*m.*)	____________ (*nom*)		le / la gagnant/e	____________ (*verbe*)
une aventure	____________ (*nom*)		une imitation	____________ (*verbe*)
chanter	____________ (*nom*)		une invention	____________ (*verbe*)
	____________ (*nom*)		mondial/e	____________ (*nom*)
la danse	____________ (*verbe*)		passionner qn	____________ (*nom*)
la France	____________ (*adjectif*)		le rêve	____________ (*verbe*)
	____________ (*nom*)		le voyage	____________ (*verbe*)

b **Décris deux personnes de ton choix. Écris au moins six phrases dans ton cahier. Tu peux utiliser plusieurs mots de a par phrase. | Du kannst mehrere Wörter von a in einem Satz verwenden.**

Lire et comprendre

▸ p. 36

2 **Corrige les phrases suivantes dans ton cahier à l'aide des textes, p. 36.**

1. Jules Verne est un aventurier qui aime aller très vite avec son bateau.
2. François Delarozière est un acteur de théâtre qui aime aussi les animaux.
3. Héloïse Letissier chante dans un groupe avec son ami Chris.
4. Le biscuit célèbre de LU est né dans une pâtisserie en 1846.

S'entraîner

3 a **Ils sont célèbres et ils sont nés à Nantes. Mais quand ? Écoute et relie. Attention : il y a deux années en trop.** ▸ Nombres, p. 158

Paul Verne

Claire Bretécher

Éric Tabarly

Anne de Bretagne

Aristide Briand

1477 1567 1819 1829 1862 1931 1940

b **Pourquoi est-ce que les personnes de a sont célèbres ? Fais une recherche, puis compare tes résultats avec ton/ta partenaire en allemand.**

4 **C'est quand ? Écoute et complète le reportage sur le DJ Madeon par les années correspondantes.**

Il s'appelle Hugo Leclercq, mais son nom de scène est Madeon, et il est né à Nantes en ☐☐☐☐. Sa passion, c'est la musique électronique. Il est DJ et producteur. Quand il commence la musique en ☐☐☐☐, il a seulement onze ans ! En ☐☐☐☐, il a déjà beaucoup de fans sur Youtube et en ☐☐☐☐, il donne des concerts à Paris, Londres, New York, Toronto et en Australie. En ☐☐☐☐, il fait des chansons pour des chanteurs célèbres comme Lady Gaga. Il fait un premier album en ☐☐☐☐ et un deuxième en ☐☐☐☐. Est-ce qu'il va y avoir un troisième album ?

5 **Retrouve le participe passé des 15 verbes et écris-le avec l'infinitif.** ▶ Verbes, p. 154

Das Partizip Perfekt der regelmäßigen Verben auf -er endet auf ________.

étéfaitachetéadoréaiméappelécommencégagnéinventépasséregardérêvétravaillévisitévoyagé

été → être, fait → ____________________

____

____

____

6 **a** **Qu'est-ce qu'ils ont fait mercredi après-midi ? Relie.** ▶ Verbes, p. 154

1. Maël et Kylian •
2. Vous •
3. Alice •
4. Moi, j' •
5. Nous •
6. Toi, tu •

- • avons écouté de la musique.
- • ai fait une vidéo.
- • as composé une chanson.
- • a joué au ping-pong.
- • avez rigolé ensemble.
- • ont surfé sur Internet.

Qui a fait du sport ? ________

b **Et toi, qu'est-ce que tu as fait après les cours ? Raconte. Écris au moins trois phrases au passé composé. Utilise des verbes de la liste suivante.** ▶ Grammaire, p. 48/1

acheter • chanter • chatter • chiller • commencer • danser • dessiner • écouter de la musique • faire • jouer • manger • préparer • ranger • regarder • rêver • surfer sur Internet • terminer • travailler

____

____

____

☆ **7 a** Lamya raconte son week-end. Complète le texte par les verbes au passé composé.

1. Alice ______ (*passer*) le week-end chez moi.
   On ______ (*rigoler*).
2. D'abord, on ______ (*travailler*) pour l'école,
   mais on ______ (*écouter*) de la musique.
3. Après, on ______ (*chiller*) dans ma chambre
   et on ______ (*chatter*) avec Maël et Kylian.
4. Nous ______ (*passer*) un bon week-end !

★ **b** Récris le texte de a et ajoute les adverbes suivants à la bonne place.

beaucoup • un peu • surtout • longtemps • aussi • vraiment

In Sätzen im *passé composé* steht das Adverb
- ☐ vor dem konjugierten Hilfsverb.
- ☐ zwischen Hilfsverb und Partizip.
- ☐ hinter dem Partizip Perfekt.

1. Alice a passé le week-end chez moi. On ______

______

______

______

8 Il a plu[1] sur la carte postale de Jeanne ! Complète le texte par *-er*, *-ez* ou *-é*.

1 il a plu es hat geregnet

Salut Lili-Rose !

On a visit ___ le centre-ville de Nantes avec ma cousine Alice et ses copains et on a ador ___ ! Il y a des trucs intéressants pour tout le monde. Moi, j'ai beaucoup aim ___ le château. Gabin a préfér ___ la tour LU. Partout dans la ville, il y a des endroits où tu peux regard ___ des œuvres d'art ! C'est super ! Demain, on va visit ___ le quartier d'Alice et après, on va all ___ au festival Scopitone. Nantes est une ville pour toi ! Tu vas ador ___ ! Alors, quand est-ce que vous ven ___, toi et Idriss ? Moi, je ne veux pas rentr ___ à Paris !

Bisous

Jeanne

9 On parle du passé ou du futur ? Écoute et coche la bonne case.

	1.	2.	3.	4.	5.	6.	7.	8.
futur composé								
passé composé								

Écrire

10 a Qu'est-ce que Paul a fait à Paris ? Lis son message à Emma, sa copine.

Paul

Salut Emma ! Je passe le week-end à Paris avec ma sœur. Il fait très beau et on visite plein de trucs super ! On marche beaucoup, mais on fait de la trottinette électrique[1] aussi ! On chille dans les parcs, on mange dehors et on fait du shopping. Je vais acheter un tee-shirt trop design ! Ah, et très important : On rigole beaucoup ! On est très contents de notre week-end. À bientôt ! Bisous !

14:03

1 **la trottinette électrique** der Elektroroller

b Emma est très bavarde. Elle raconte le week-end de Paul à sa copine Inès. Continue à sa place. Utilise le passé composé.

Salut Inès ! Paul a passé le week-end à Paris avec sa sœur.

Médiation

11 Du bist in Nantes und suchst ein Mitbringsel für deine Oma. Du hast einen Artikel über die *Rigolettes* gelesen, bist aber nicht ganz sicher, ob deiner Oma dieses Geschenk gefallen wird. Schicke deinen Eltern eine Nachricht auf Deutsch, in der du erklärst, worum es sich dabei handelt, und bitte sie um Rat.

Les Rigolettes nantaises

La Rigolette est une spécialité sucrée, née à Nantes en 1902. Le confiseur Charles Bohu a inventé un bonbon multicolore, proche du berlingot, mais de forme rectangulaire et tendre à l'intérieur, et l'a appelé Rigolette, comme son chat adoré !
Aujourd'hui encore, on fabrique les Rigolettes avec la recette originale de Charles Bohu. Pourquoi est-ce que les Nantais (et pas seulement les Nantais ! 😜) craquent pour ce bonbon ? Eh bien, on adore les Rigolettes, d'abord parce qu'elles sont jolies à regarder et aussi parce qu'elles sont craquantes et fondantes à la fois. Elles sont constituées d'une fine coque de sucre et sont fourrées d'une marmelade de fruits certifiée 100 % naturelle ! Les cinq parfums de la recette originale sont le citron, la mandarine, la framboise, le cassis et l'ananas. Il existe aussi des parfums aux fruits de saison comme la pomme, la fraise ou l'abricot et des parfums comme le chocolat ou le caramel salé.

Le bâtiment d'origine de la confiserie Bohu, avec sa façade en mosaïque bleue, se trouve rue de la Marne à Nantes et fait partie du patrimoine nantais, mais le magasin actuel se trouve dans la rue de Verdun. Vous voulez faire une balade à thème sympa dans les rues de Nantes ? Alors, allez d'abord au 26, rue de la Marne pour l'histoire et allez ensuite au 18, rue de Verdun pour faire une dégustation de Rigolettes ! Surtout, ne partez pas de Nantes sans Rigolettes dans votre valise !

Ich!

Hallo Mama, hi Paps! Ich möchte Oma was aus Nantes mitbringen und ______________________________

____

____

____

____

____

____

____

____

____

____

Lire et comprendre

▸ p. 38

1 **Relis le texte, p. 38 dans ton livre. Qui a fait quoi ? Note le numéro des phrases à côté des jeunes. Attention, il y a trois phrases en trop.**

Lamya : ____________ Kylian : ____________ Sa cousine : ____________

1. J'ai fait des photos.
2. Je suis allée à Nantes avec ma mère.
3. J'ai fait mes devoirs.
4. J'ai joué au ping-pong avec un ami.
5. Je suis allée au club d'aviron.
6. Nous avons fait un tour en ville, elle et moi.
7. Je suis tombée et j'ai eu mal.
8. Nous sommes allés au cinéma après le sport.
9. Nous avons fait un pique-nique sur la plage.
10. Je n'ai pas fait mes devoirs de maths.
11. Je suis sortie du bâtiment et j'ai rêvé.
12. J'ai fait un peu de musique à la maison.

Vocabulaire et expression

2 **Qui dit quoi ? Complète les bulles parole par la lettre qui correspond. | Schreibe den Buchstaben der passenden Aussage in die Sprechblasen.** ▸ Liste des mots, p. 174

A Aïe !

B Oui, une fois. C'était cool.

C Monte, on va faire un tour.

D Tu as mal ?

E Attention, tu vas tomber !

F Ne pose pas tout le temps des questions !

G Tu as déjà fait de l'aviron ?

H J'ai peur !

3 Samuel raconte son week-end. Complète.

alors • après • à la fin • au début • d'abord • finalement • le soir • tout à coup

1 **il a commencé à pleuvoir** es hat angefangen zu regnen

Nico, mon cousin de Brest, est venu chez moi hier. ________________, nous avons mangé ensemble et ________________, nous avons voulu chiller au bord de la mer. Mais ________________, il a commencé à pleuvoir[1], ________________, nous sommes allés au ciné. ________________, je n'ai pas trop aimé le film, mais ________________, c'était sympa. ________________, le héros part en voyage avec plein de copains ! ________________, Nico est parti aussi. Et moi, je vais bientôt aller à Brest!

4 a **Entraîne-toi ! Complète les phrases par des formes des verbes au présent ou à l'impératif.** ► Verbes, p. 154

1. **monter** – ________________
   - a Ils ________________ sur la tour Eiffel.
   - b Elle ________________ dans le train.
   - c La rue ________________.
2. **descendre** – ________________
   - a On ________________ à Bastille.
   - b Ne ________________ pas trop vite. Tu vas tomber !
3. **partir** – ________________
   - a Vite, le train ________________ dans cinq minutes.
   - b Ce week-end, elles ________________ en Bretagne.
4. **sortir** – ________________
   - a Le samedi soir, Lucas et Léo ________________ avec leurs copains.
   - b On ________________ du magasin ? Il y a trop de monde !
5. **traverser** – ________________
   - a On ________________ la rue ici.
   - b La Loire ________________ la ville de Nantes.
   - c Le pont Éric Tabarly ________________ la Loire.

b Comparer les langues : **Wie drückst du im Deutschen die jeweilige Bedeutung dieser Verben aus? Übersetze und schreibe in a die deutschen Bedeutungen neben die französischen Infinitive.**

S'entraîner

5 a Retrouve les six phrases au passé composé, puis écris-les. Ajoute les points.

vous|avez|euunproblèmenousavonseudelachancej'aieufaimonaeupeurilsonteumaltuaseusoif

Je/J' ______________________ ______________________

______________________ Vous avez ______________________

______________________ ______________________

b Relis les phrases de a, puis coche les bonnes réponses.

1. In den Sätzen handelt es sich um das *passé composé* des Verbs ☐ *avoir.* ☐ *être.*
2. Das Hilfsverb zu diesem Verb ist ☐ *avoir.* ☐ *être.*

☆ **6 a Le passé composé avec *être* : Relie.**

▶ Grammaire, p. 48/1

Il •	• est allée chez une tante.
Elle •	• sont parties en train.
Ils •	• est venu chez moi.
Elles •	• sont descendus du train.

Das Partizip Perfekt der Verben, die das *passé composé* mit ______________ bilden, ist veränderlich. Es richtet sich in Zahl und Geschlecht nach dem ______________. Das kennst du schon von den Adjektiven.

b Qui a joué au ping-pong ? | Wer hat gestern Tischtennis gespielt? Antworte, indem du die Sätze den Bildern zuordnest und erkläre, wie du zu dieser Lösung kommst. ▶ Grammaire, p. 48/1

Zoé et Rémy

On est allées au parc et on a joué au ping-pong.

On est restés chez moi et on a fait un gâteau.

Jade et Maryam

____

____

____

c Fais une devinette. | Schreibe selbst vier Sätze wie in b und passende Namen auf kleine Zettel. Dein/e Nachbar/in ordnet sie zu und begründet.

7 a **Complète le dessin. Attention : il y a trois intrus ! Raye-les. | Trage die Verben, die das *passé composé* mit *être* bilden, in die Zeichnung ein. Achtung: drei Verben gehören nicht dazu ! Streiche sie durch.**

aller • arriver • marcher • retourner • partir • retrouver • sortir • tomber • rentrer • entrer • monter • descendre • traverser • venir • rester

☆ b **Où est-ce que Malo et Tom sont allés? Entoure la bonne forme des verbes.**

1. Dimanche, mon copain Tom est venu / est venus / est venue ici pour passer la journée avec moi.
2. Il sont arrivés / est arrivé / est arrivée à Saint-Nazaire à 10 heures.
3. D'abord, on est allé / est allés / est allées en ville.
4. Mes sœurs sont venue /sont venus / sont venues avec nous.
5. Après, on est entré / est entrés / est entrées dans le bunker.
6. On est resté / est restées / est restés longtemps dans le bunker.
7. On est sortie / est sortis / est sorties du bunker à midi.

★ c Où est-ce qu'ils sont allés ensuite ? Complète les phrases par le bon verbe au passé composé. Fais attention à l'accord.

monter • tomber • partir • aller • rentrer (2x) • retourner

1. Ensuite, on ______________________ au bord de l'eau. 
2.  On ______________________ dans un bateau pour faire un tour.
3. Quand on ______________________ au port touristique, ... 
4.  ... Marie ______________________ et elle a eu mal.
5. Alors, mes sœurs ______________________ à la maison. 
6.  Tom ______________________ tard à Nantes.
7. Il ______________________ d'ici à 21 heures. 

Écrire

☆ **8** a **Lis les mini-histoires et trouve une expression qui va bien avec l'histoire. Note le numéro.**

☐ C'était super ! ☐ C'était drôle ! ☐ C'était nul ! ☐ C'était bon ! ☐ C'était cool ! ☐ C'était facile ! ☐ C'était joli !

1. Il a fait très beau, alors, on est allés au parc. On a retrouvé les copains et on a joué au basket ensemble.
2. Je suis resté chez moi. À midi, j'ai mangé de la pizza froide. Puis, j'ai joué à la console, mais je n'ai pas souvent gagné.
3. Il a fait froid, alors j'ai invité ma meilleure copine chez moi et on a préparé des biscuits ensemble. Mais on a oublié la levure ! On a beaucoup rigolé.

C'était + __ verwendet man, um etwas in der Vergangenheit

☐ zu kommentieren.

☐ zu begründen.

☐ einzuleiten.

★ b **À toi ! Écris deux mini-histoires comme en a. | Schreibe für zwei der in a übrig gebliebenen Wendungen passende Mini-Geschichten.**

▶ Mots pour le dire, p. 170/8

Wird das passé composé eines Verbs mit avoir oder mit être gebildet? Auskunft geben dir die Seiten ▶ Verbes und ▶ Liste des mots: dort steht ⓔ für eine Bildung mit être.

1. ____

____

2. ____

____

Vocabulaire

1 **Une devinette ! Trouve un contraire puis complète les phrases. | Die Buchstaben in den markierten Kästchen ergänzen in der richtigen Reihenfolge den Lösungssatz. Wie lautet er?**

Bravo ! Tu as _ _ _ T _ _ _ _ _ _ _ trouvé la solution !

1. Vous partez ou vous _ _ _ _ _ _ _ ?
2. Est-ce que tu veux venir avec Tom ou _ _ _ _ lui ?
3. Le jour, il fait chaud, mais _ _ _ _ _ _, il fait un peu froid.
4. Vous partez demain déjà ? Vous êtes arrivés _ _ _ _ seulement !
5. Au début, c'était cool, mais _ _ _ _ _ _ c'était l'horreur !
6. Nous sommes arrivés trop tôt et nous sommes rentrés trop _ _ _ _.
7. Est-ce que vous préférez aller en ville le matin ou _ _ _ _ _ _ ?
8. L'eau va monter dans trois heures et elle va _ _ _ _ _ _ _ _ _ neuf heures après.
9. On a déjà bien travaillé. On continue ou on _ _ _ _ U _ _ _ _ _ _ _ ?
10. Ce n'est pas au début du film et ce n'est pas à la fin non plus, c'est _ _ _ _ _ _ _ _.

Lire et comprendre

▸ p. 41

2 **Qui a pu dire cela : Monsieur Tellier, Maël ou Lamya ? Indique aussi la ligne dans le texte, p. 41, qui justifie ta réponse. | Schreibe auf, wer das gesagt haben könnte und nenne auch die passende Textzeile.**

1. Nous avons beaucoup marché. Et c'était intéressant. Maël, l. 8–10
2. Tout le monde est là ? Bon, on va rentrer par le Passage du Gois. ____________
3. D'accord, mais pas longtemps parce que la mer va bientôt monter. ____________
4. Oh non, c'est nul ! Moi, je retourne au bus. ____________
5. J'aime ramasser des coquillages, c'est sympa ! ____________
6. Vite ! La mer monte, il faut rentrer. ____________
7. Tout le monde est là ? Non ? ! Il est où ? ____________
8. Mais… c'est lui devant le bus ! Qu'est-ce qu'il fait là ? ____________
9. Pourquoi est-ce qu'il n'est pas venu avec vous ? ____________
10. J'ai passé neuf heures ici. C'était l'horreur ! ____________

Écouter et comprendre

3 Des élèves préparent un exposé sur le Passage du Gois. Ils posent des questions à une habitante de Noirmoutier. Écoute le dialogue, puis réponds aux questions. ▶ Méthodes, p. 142/5

1. Est-ce qu'on peut prendre le passage à vélo ? ☐ oui ☐ non
2. Des tableaux expliquent ☐ les marées. ☐ les horaires des marées. ☐ l'histoire du passage.
3. À forte marée, l'eau peut monter jusqu'à ________ mètres.
4. La longueur du passage est de ☐ 1,4 km. ☐ 2,1 km. ☐ 4,0 km. ☐ 4,2 km.
5. Il y a ☐ des balises refuge. ☐ des balises pour les bateaux.

Es gibt viele Orte, die wie Noirmoutier bei Ebbe eine Halbinsel und bei Flut eine Insel sind. Die berühmteste französische Gezeiteninsel ist der Mont-Saint-Michel in der Normandie. Seit 1877 gibt es eine gezeitenunabhängige Passage. Heute besuchen jährlich über 2 Mio. Touristen die kleine Insel, auf der nur 30 Einwohner leben!

S'entraîner

4 a Écris le participe des verbes suivants dans le tableau. ▶ Verbes, p. 154

raconter • sortir • retourner • attendre • crier • répondre • trouver • partir • descendre • rigoler

-é	-i	-du
raconté		

b Kreise in a die Verben ein, die das *passé composé* mit *être* bilden. ▶ Verbes, p. 154

5 a Range l'infinitif des verbes irréguliers dans le tableau et complète par le passé composé comme dans l'exemple. ▶ Verbes, p. 154

venir • prendre • comprendre • pouvoir • lire • vouloir • avoir • aller • être • faire

dt. Infinitiv	frz. Infinitiv	passé composé	Perfekt
haben	avoir	j'ai eu	ich habe gehabt
sein			
machen			
gehen			
kommen			
lesen			
nehmen			
verstehen			
können			
wollen			

b Kreise in der Tabelle die französischen Verben ein, die das *passé composé* mit *être* bilden. ▶ Verbes, p. 154

☆ 6 a Un journaliste a posé des questions à Monsieur Tellier. Retrouve l'ordre des mots et écris les questions.

1. est-ce que · n' · vous · Pourquoi · resté · avec · pas · élèves · êtes · vos

____

2. trouvé · vous · Et · garçon · n' · pas · le · avez

____

3. peur · pas · Est-ce que · avez · vous · n' · eu · lui · pour

____

4. les · surveillé · professeurs · Pourquoi · n' · élèves · pas · est-ce que · ont · les

____

5. groupe · est-ce que · Nantes · est · votre · à · rentré · Quand

____

★ **6 b Monsieur Tellier a répondu à trois autres questions. Lis ses réponses et imagine les questions du journaliste. Écris-les et utilise *ne... pas*.**

1. ______________________________
   Je ne suis pas retourné au bus parce que l'eau est montée très vite ! C'était trop tard.

2. ______________________________
   Non, je n'ai pas crié sur la balise. D'abord, j'ai téléphoné et puis, j'ai attendu la marée basse.

3. ______________________________
   Je n'ai pas pu rentrer avec le groupe à Nantes parce que je suis resté là jusqu'à deux heures du matin. Alors, ils sont partis sans moi, bien sûr.

★ **7 Daphné pose des questions à Amine. Réponds à la place d'Amine, comme dans l'exemple. Utilise *pouvoir / vouloir* + infinitif et la négation.**

Wo stehen die Verneinungswörter *ne* und *pas* in Sätzen im *passé composé*?
- ☐ Sie umschließen das konjugierte Verb, genau wie im *futur composé*.
- ☐ Sie umschließen das konjugierte Verb und das Partizip.
- ☐ Sie umschließen nur das Partizip.

Exemple:

Est-ce que tes amis sont venus chez toi samedi ?

Non, ils n'ont pas pu venir chez moi samedi, mais ils sont venus dimanche.

1. Est-ce qu'ils ont pris le train pour venir chez toi ? *(vouloir)*
   ______________________ mais ______________________

2. Est-ce que vous êtes allés dans le centre-ville ? *(vouloir)*
   ____

3. Est-ce que vous êtes montés sur l'éléphant ? *(pouvoir)*
   ____

4. Est-ce que ta sœur a passé la journée avec vous ? *(pouvoir)*
   ____

5. Est-ce que vous avez fait de la musique ? *(vouloir)*
   ____

6. Est-ce que tes amis ont passé la nuit chez toi ? *(pouvoir)*
   ____

Parler – Tandem

8 Dein/e Freund/in aus Frankreich (A) ruft dich (B) an. Ihr erzählt euch, was ihr am Wochenende gemacht habt. A fängt an.

A

1. A: Du begrüßt B und fragst, wie es B geht.
   B: Ça va. Et toi ?
2. A: Sage, dass es dir auch gut geht und dass du ein sehr schönes Wochenende gehabt hast.
   B: Raconte !
3. A: Erzähle, dass dein Freund Sofiane am Samstag eine große Party gefeiert hat *(faire une grande fête)* und dass das super war.
   B: Qu'est-ce que vous avez fait ?
4. A: Berichte, dass ihr erst mit Sofianes Eltern Pizza gegessen habt, das war lecker, und danach getanzt, aber ohne sie. Ihr hattet echt Spaß *(bien rigoler)*.
   B: Et qu'est-ce que tu as fait dimanche ?
5. A: Sage, dass du am Sonntag lange gechillt hast und frage, ob B auch ein schönes Wochenende verbracht hat.
   B: Bof. Je suis resté(e) à la maison pour préparer un exposé. C'était nul.
6. A: Frage nach, ob B die ganze Zeit bei sich zuhause geblieben ist.
   B: Non. Dimanche matin, je suis allé(e) chez une copine et j'ai fait un tour à vélo avec elle. Et puis, l'après-midi, mes grands-parents sont venus chez nous. C'était drôle.
7. A: Frage verwundert nach, ob das stimmt. Sage, dass ein Nachmittag mit deinen Großeltern nicht sehr lustig ist.
   B: Mon grand-père est cool. Je peux parler de tout et de rien avec lui. Et puis, ma grand-mère joue très bien au ping-pong.
8. A: Stelle fest, dass B letztlich doch ein nettes Wochenende gehabt hat und verabschiede dich.
   B: Oui, c'est vrai. À plus !

B

1. A: Salut (Sarah/Jonas), ça va?
   B: Antworte, dass es dir ganz gut geht und frage zurück.
2. A: Moi aussi, ça va. J'ai passé un très bon week-end.
   B: Fordere A auf, zu erzählen.
3. A: Samedi, mon ami Sofiane a fait une grande fête. C'était super !
   B: Frage nach, was sie gemacht haben.
4. A: D'abord, on a mangé de la pizza avec les parents de Sofiane. C'était bon ! Après, on a dansé, mais sans eux. On a bien rigolé.
   B: Frage, was A am Sonntag gemacht hat.
5. A: Dimanche, j'ai chillé longtemps. Et toi, est-ce que tu as passé un bon week-end aussi ?
   B: Sage naja, und dass du zuhause geblieben bist, um einen Vortrag vorzubereiten. Ergänze, dass das doof war.
6. A: Tu es resté(e) chez toi tout le temps ?
   B: Verneine und erzähle, dass du am Sonntagvormittag zu einer Freundin gefahren bist und dass du mit ihr eine Radtour gemacht hast *(faire un tour à vélo)*. Berichte außerdem, dass am Nachmittag deine Großeltern zu euch gekommen sind und dass das lustig war.
7. A: Ah bon, c'est vrai ? Un après-midi avec mes grands-parents, ce n'est pas très drôle.
   B: Sage, dass dein Opa cool ist und dass du mit ihm über Gott und die Welt reden *(parler de tout et de rien)* kannst. Erzähle auch, dass deine Oma sehr gut Tischtennis spielt.
8. A: Alors finalement, tu as quand même passé un week-end sympa ! À bientôt !
   B: Stimme zu und verabschiede dich auch.

9 a Sacha a écrit un message à un copain, mais il y a des répétitions. Souligne-les. | In Sachas Nachricht sind einige Wiederholungen. Unterstreiche sie.

Salut Antoine ! Je suis en Bretagne chez mes cousins et je vais rester	
une semaine chez mes cousins. Samedi, ils ont invité leurs copains et	chez eux
on a organisé plein de jeux pour leurs copains.	
Mardi, j'ai fait de la musique avec mon cousin. J'aime bien jouer de la	
guitare avec mon cousin. Hier, mon cousin et moi, on a fait un tour en	
ville. Mes cousines n'ont pas voulu venir avec mon cousin et moi. Alors,	
on est partis sans mes cousines. Ma tante Gwendoline adore la mer.	
Alors demain, je vais faire une balade en bateau avec ma tante.	
Toi et ta mère, vous aimez les gâteaux, non ? J'ai trouvé une super	
recette pour toi et ta mère : le far breton. Miam, c'est bon !	
Et toi, qu'est-ce que tu fais ? Tu as pu aller chez ton père ? Tu passes tes	
vacances avec ton père ? Raconte ! À plus ! Sacha	

b Maintenant, remplace les répétitions par *lui*, *elle*, *nous*, *vous*, *eux*, *elles* et écris-les avec la préposition. | Ersetze die Wiederholungen durch unverbundene Personalpronomen. Schreibe sie mit der Präposition auf, wie im Beispiel angegeben. ▶ Grammaire, p. 49/2

Écrire

10 Regarde les photos et imagine : qu'est-ce que les jeunes ont fait hier ? Écris quatre phrases pour chaque photo et rajoute un commentaire.

hier • d'abord • après • ensuite • et puis • à midi • l'après-midi

1

2

1 a **Lis le début de l'histoire et complète d'abord les cases grises.** | **Diese Geschichte entwickelst du nach und nach weiter. Fülle zunächst die grau umrandeten Lücken anhand der Vorgaben frei aus.**

______, je suis allé à Saint-Nazaire chez ma grand-mère. Elle s'appelle Fabienne, ______ pour moi, c'est Mamifa (de mamie[1] et Fabienne). Elle est super sympa. ______ je suis arrivé, vendredi, j'ai joué avec son chien. Il s'appelle ______ (1 : *un prénom de chien*) et Mamifa l'adore. Et moi, c'est ______ (2 : *un prénom de garçon*). J'ai 14 ans et j'habite à Nantes, ______ pont Tabarly.

On a passé une bonne soirée. Ma grand-mère aime bien rigoler. Je l'adore !

______, dans la rue, j'ai rencontré une copine qui habite à Saint-Nazaire.

– Salut ______ (3 : *un prénom de fille*) ! Ça va ?

– Salut ______ (▸ 2) ! Qu'est-ce que tu fais ______ ?

– On pourrait faire une balade ensemble. Il fait beau.

– Super ! Je passe chez vous à 15 heures. À plus !

Je suis rentré. ______, Mamifa et moi, on a mangé ______ (*un plat*), et ______, on a ______ parlé et on a bien rigolé. C'était très ______ (*un adjectif*) ! ______, ______ (▸ 3) a sonné[2]. J'ai voulu sortir, ______ le chien a voulu venir avec moi.

– Non, ______ (▸ 1), toi, tu restes ici.

– Oh, tu peux bien prendre le chien avec toi ______ il adore les balades !

– Bon, d'accord ! Allez, viens, ______ (▸ 1), on y va !

______, on est sortis ensemble. Je n'aime pas ______ partir en balade avec le chien ______ il n'écoute pas. ______ je n'ai pas pu dire[3] « non » à Mamifa. ______ (▸ 3), le chien et moi, on a marché pendant deux heures et ______ on est arrivés au village Dissignac où on a fait une pause ______ un grand arbre. ______ (▸ 3) a raconté des histoires drôles et je n'ai pas surveillé le chien ______. Dix minutes après, ______ on a voulu retourner en ville, on n'a plus trouvé ______ (▸ 1). C'était l'horreur !

1 mamie Oma **2 qn a sonné** jd hat geklingelt **3 dire qc** etw. sagen

b **Dem Text fehlen nun noch strukturierende Adverbien und Konjunktionen. Nimm die farblich sortierten Strukturwörter hinten in deinem *Carnet* zu Hilfe und ergänze damit den Text sinnvoll.**

2 **Imagine la fin de l'histoire et écris-la dans ton cahier. Utilise un maximum des verbes suivants.**

appeler • ^ê^arriver • attendre • avoir peur • chercher • crier • être content/e • être pressé /e • ^ê^rentrer • ^ê^retourner • retrouver • ^ê^tomber

2 Fais le point

Hier überprüfst du, ob du die Inhalte der *Unité* 2 beherrschst. Löse die folgenden Aufgaben ohne Hilfe hier oder in der interaktiven Variante auf scook.de und vergleiche deine Ergebnisse mit den Lösungen dort. ▶ Code, S. 1

Vocabulaire

1 **Qu'est-ce qu'on peut faire le week-end ? Trouve au moins deux activités par verbe.**

jouer au ____________, au ____________, aux ____________, aux ____________

jouer du ____________, de la ____________

faire ____________, ____________, ____________

aller en ____________, chez ____________, au ____________

partir en ____________, chez ____________, sans ____________

2 **Comment est-ce qu'on dit cela en français ? Écris les phrases.**

1. Sage, dass du ein gutes Wochenende verbracht hast und dass es super war.
2. Sage, dass du einen Ausflug mit einem Freund gemacht hast und dass es sehr nett war!
3. Sage, dass ihr eine Verfolgungsjagd machen wolltet, du aber hingefallen bist.
4. Sage, dass du nicht geschrien hast, aber Schmerzen gehabt hast
5. Sage, dass ihr am Abend trotzdem gefeiert habt, du aber nicht tanzen konntest.

____

____

____

____

____

Das *passé composé*

3 **Entoure les verbes qui forment le passé composé avec *être* et écris le passé composé à la personne indiquée.**

(aller)	je suis allé/e	faire	je/j' ______
être	tu ______	apprendre	tu ______
avoir	elle ______	venir	il ______
pouvoir	nous ______	répondre	nous ______
vouloir	vous ______	sortir	vous ______
prendre	elles ______	lire	ils ______

4 a Qu'est-ce que Lily va faire ce week-end ? Écoute ce qu'elle raconte à son amie et coche les bons dessins.

1 
2 

3 
4 
5 

6 
7 

b Dimanche soir, Lily écrit un message pour sa grand-mère. À l'aide de a, complète son message.

Coucou Mamie ! Aujourd'hui, ______________________________

____

____

______________________________ *C'était dommage mais j'ai quand même passé un dimanche extraordinaire ! Bisous !*

Die unverbundenen Personalpronomen

5 Complète les phrases par des pronoms personnels disjoints.

Après les cours, Alice est rentrée chez ____________. Kylian est allé chez un copain pour faire ses devoirs avec ____________. Lamya a fait de l'aviron avec ses copains, mais elle est partie avant ____________.

Maël est allé en ville avec des amies, mais il n'est pas resté longtemps avec ____________.

Maël : Continuez la balade sans ____________.

Les filles : D'accord, on continue sans ____________ !

C-Test : Cocktail

6 Complète le texte.

Lamya est partie en week-end à Noirmoutier avec ses parents. Ils so____ partis t____ samedi ma______ et i____ sont ren________ tard dima________ soir. I____ ont fa____ du cam________. C'était l'aven________ ! Lamya ad______ ça ! Sam______, ils o______ fait u____ balade à vé____ de qui______ kilomètres. C'ét______ sympa ! Dima________, ils o______ chillé s______ la pl______ et ram________ des coqui______________. Après, i______ ont vo______ prendre l___ Passage d___ Gois po______ rentrer, ma______ c'était tr______ tard po______ traverser, dom________ ! Alors, i______ ont pr______ le po______ de Noirmoutier… I______ sont arr________ très ta______ à la mai______ et Lamya e______ vite al______ au l______.

Le lundi, elle a cours à 8 heures 30. Bonne nuit, Lamya !

Module 2 : La France des records

1 **Fais ces mots croisés.** ▶ Liste des mots, p. 174

Le contraire[1] de l'adjectif « long », c'est l'adjectif **1** .
Y est un petit **2** de 92 habitants[2].
L' **3** est un métal[3] jaune très cher.
L' **4** est un métal[3] blanc moins cher que l'or.
La tour la plus **5** de Paris est la tour Eiffel avec 324 mètres.

Le TGV **6** à 320 km/h. Et il peut être encore plus **7** .
Son **8** est de 574 km/h ! Je trouve cela **9** !
La France et l'Allemagne sont des pays d' **10**.
Christine Lagarde est une **11** célèbre et **12**. En 2019, elle est devenue la **13** de la Banque centrale européenne.

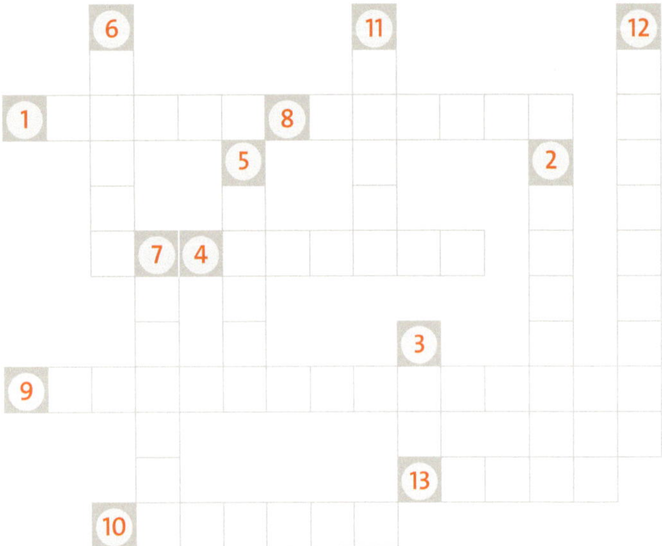

1 **le contraire** das Gegenteil
2 **un/e habitant/e** ein/e Einwohner/in
3 **le métal** das Metall

Der französische Ort
Y
betreibt eine Städtepartnerschaft
mit der walisischen Gemeinde
Llanfairpwllgwyngyll-
gogerychwyrndrobwll-
llantysiliogogogoch.
Finde beide Orte auf einer Karte!

2 **Des élèves de Paris préparent un petit guide touristique pour leurs corres. Complète le texte. Mets les adjectifs à la bonne place et pense à faire l'accord.** ▶ Grammaire, p. 26/3

1. Dans le quartier de la Bastille, il y a des ____________ cafés ____________ très sympa. Et à l'Opéra Bastille, il y a toujours des ____________ spectacles ____________.
(petit / intéressant)

2. Le « Jules Verne » est un ____________ restaurant ____________ qui se trouve dans la tour Eiffel et c'est aussi un ____________ restaurant ____________. (bon / cher)

3. À Paris, il y a beaucoup de musées où vous pouvez regarder des ____________ œuvres d'art ____________. (extraordinaire)

4. La place des Vosges est une ____________ place ____________ de Paris où a habité le/l' ____________ auteur ____________, Victor Hugo. (joli / célèbre)

3 **Décris les dessins. Utilise le comparatif de l'adjectif et écris le plus de phrases possibles dans ton cahier.** ▶ Grammaire, p. 76/1

(+) plus *adjectif* que
(−) moins *adjectif* que
(=) aussi *adjectif* que

4 **Dans la famille Moyon, qui est le/la meilleur/e en quoi ? Écoute et relie.**

• Luc • Enzo • Julie • Christine

musique • sport • art •

5 a **Quels sont les records en Allemagne ? Complète. Utilise le superlatif.** ▶ Grammaire, p. 76/2

1. L'ICE est ______________________ d'Allemagne. le train / (+) (+) rapide
2. Hambourg est ______________________ d'Allemagne. le port / (+) (+) grand
3. La tour de télévision est ______________________ de Berlin. la tour / (+) (+) haut
4. Rügen est ______________________ d'Allemagne avec 926 km^2. l'île / (+) (+) grand
5. D'après toi, quel est ______________________ d'Allemagne ? le club de foot / ! (+) (+) bon
6. D'après toi, quelles sont ______________________ allemandes ? les chansons / ! (+) (+) bon
7. D'après toi, quel est ______________________ de ta ville ? l'endroit / (−) (−) intéressant
8. Et quelle est ______________________ de ta ville ? la place / (+) (+) joli

b **Répondes maintenant aux questions 5 à 8 de a.**

____

____

____

____

Tu es en forme pour l'unité 3 ?

Hier wiederholst du schon Bekanntes ...

Qui et où Relativpronomen *qui* und *où*

1 a **C'est qui ? C'est quoi ? Complète les définitions par les pronoms relatifs *qui* et *où*.**

1. C'est quelqu'un qui_______ est très célèbre.
2. C'est un site _________ les élèves trouvent des informations.
3. C'est la rue _________ passe devant la cathédrale.
4. C'est un endroit _________ on va pour faire des balades.
5. C'est un site _________ explique la vie des jeunes.
6. C'est un bâtiment _________ on va pour regarder des films.

b **Quelle solution va avec quelle définition ? Note le bon numéro de a.**

A ☐ C'est une star.

B ☐ C'est la rue de Notre-Dame.

C ☐ C'est le site « lesjeunesdaujourdhui ».

D ☐ C'est le parc des 100 arbres.

E ☐ C'est le cinéma « Rex ».

F ☐ C'est le site « moncollegeetmoi ».

Les adjectifs Stellung und Anpassung der Adjektive

2 **Ils sont comment ? Mets les adjectifs à la bonne place et fais l'accord si nécessaire.**

1. Les _________________ stars _________________ ont souvent des _________________ idées _________________. *(groß/interessant)*
2. J'aime les _________________ quartiers _________________. *(klein/nett)*
3. J'adore ta _________________ chaise _________________. *(klein/blau)*
4. Mon arrière-grand-mère est une _________________ femme _________________. *(modern)*
5. Rico a deux très _________________ poissons _________________. *(hübsch/rot)*

La négation Verneinung mit *ne... pas* und *ne... plus*

3 **Julie a changé : qu'est-ce qu'elle ne fait plus ? Retrouve l'ordre des mots et écris les phrases dans ton cahier.**

1. ne / plus / chatte / sa / Julie / copine. / avec
2. Elle / devoirs. / plus / n' / ses / oublie
3. ne / cantine. / plus / va / manger / Elle / à / la
4. sur / vidéos / ne / regarder / plus / des / Elle / Internet. / veut
5. n' / avons / plus / rencontré / Nous / depuis / Julie / samedi.

4 **Tino te pose des questions. Réponds et utilise *ne... pas*.**

1. Tu es d'accord avec moi ? Non, je ne suis pas d'accord avec toi. ______
2. Tu as fait tes devoirs ? ______
3. Tes copines sont allées au cinéma ? ______
4. Toi et tes copains, vous aimez lire des mangas ? ______
5. Ton copain peut venir plus tard ? ______
6. Tes parents vont aller à la fête ? ______

Mon, ton, son, ... et quel Possessivbegleiter und Fragebegleiter

5 **Complète les phrases. Utilise *mon, ton, son, ...* et la bonne forme de *quel*.**

quel	quelle
quels	quelles

1

______ sont ______ couleurs préférées ?

______ couleurs préférées ? Le jaune et l'orange.

2

______ est ______ animal préféré ?

______ animaux préférés, ce sont les éléphants.

3

Alors, ______ couleur est-ce que tu préfères pour ______ chambre ?

Le bleu ! En plus, c'est ______ couleur préférée !

4

______ est ______ problème ?

C'est ______ frère! Il prend toujours ______ affaires.

Unité 3 Vocabulaire : Avoir un conflit et discuter

1 **Mercredi soir, Younès rentre à la maison où il retrouve sa petite sœur, Zarah. Complète leur dialogue.**

Regarde aussi le film avec Marine et Léo et apprends le vocabulaire avec eux !

Alors, là, tu exagères. Vendredi, on a…

Alors, on a trouvé une solution !

C'est une bonne idée.

Pourquoi tu es en colère ?

Salut, Zarah, ça va ?

Oui, tu as raison. Pardon.

Écoute, j'ai une idée.

Qu'est-ce que tu en penses ?

N'importe quoi !

Tu m'énerves !

Younès : ______________________________

Zarah : Non, ça ne va pas !

Younès : Mais qu'est-ce qu'il y a ? ______________________________

Zarah : Oh, mais tu ne comprends vraiment rien ! Tu as oublié notre rendez-vous au cinéma, à 16 heures !

Younès : ______________________________

On peut regarder un film maintenant.

Zarah : ______________________________ Maintenant, c'est trop tard pour le cinéma !

Pourquoi est-ce que tu n'es pas là quand je veux faire quelque chose avec toi ?

Younès : ______________________________

Zarah : Oui, vendredi. Et depuis, tu es toujours avec tes copains et tu ne veux rien faire avec moi.

Younès : ______________________________ J'aime aussi faire des trucs avec toi.

______________________________ On pourrait aller au cinéma samedi et…

Zarah : Non, samedi, je ne peux pas. Samedi, je vais aller à la fête d'anniversaire de Magali.

Younès : Alors, on va faire quelque chose maintenant. On pourrait faire des crêpes et jouer à un jeu vidéo.

____

Zarah : D'accord. ______________________________ Mais je veux des crêpes au chocolat.

Younès : Ça marche. ______________________________ Allez, on va dans la cuisine…

Lire et comprendre

▸ p. 62

1 a Lis le texte, p. 62, et note qui c'est : Alice, Kylian, Lamya ou Maël.

1. Il/Elle ne comprend pas trop sa mère et a souvent des conflits avec elle. – C'est ______________.
2. Il/Elle n'aime pas toujours faire des activités avec ses parents. – C'est ______________.
3. Il/Elle aime partager les moments de fête avec sa famille. – C'est ______________.
4. Il/Elle aime parler de ses souvenirs avec ses parents. – C'est ______________.
5. Il/Elle aime faire de la musique avec sa famille. – C'est ______________.
6. Il/Elle ne répond pas à la question d'Alice. – C'est ______________.

b Fais une devinette comme en a pour ton/ta partenaire.

Il/Elle ______________________________. – C'est ______________.

2 a Qui a encore répondu à la question d'Alice ? Coche les bonnes commentaires. | Einige dieser Kommentare haben nichts mit Alice' Frage zu tun. Kreuze nur die an, die darauf antworten.

Je prépare une vidéo qui s'appelle « Famille : les moments qui comptent ». Quelles sont vos idées sur la question ?

☐ 1 Dans ma famille, un truc qui nous rapproche, c'est faire du vélo. / Julien

☐ 2 Le drone XR3000 est le meilleur, tu as raison. / Laura

☐ 3 Quand ça explose entre mes parents, je chante leur chanson préférée. Ça marche toujours. / Damien

☐ 4 Je déteste le rap, mais votre chanson est super. Bravo et merci !/ Soufiane

☐ 5 Moi aussi, j'adore faire la cuisine, merci pour ta recette ! / Mia

☐ 7 Chez nous, on ne fait pas d'activités ensemble, mais on parle de nos problèmes, c'est le plus important. / Maxime

☐ 6 Le shopping avec ma demi-sœur, c'est vraiment cool ! / Myriam

☐ 8 Comment s'appelle votre chien ? Il est trop chou ! / Anaïs

b En classe, justifie ton choix à l'aide de l'exemple.

Exemple :

J'ai coché[1] la phrase numéro 1 parce que Julien parle d'un truc qui les rapproche dans sa famille.

Pour tes notes: ______________________

1 **j'ai coché qc** ich habe etw. angekreuzt

Vocabulaire et expression

3 **Oh, la vie de famille ! Fais ces mots croisés.**

Les soirées en famille, ce sont les 1 qui 2 pour nous.
Mon frère et moi, on est trop différents… on a tout le temps des 3 .
La 4 qui nous 5 , c'est le sport !
Chez nous, on adore parler de nos 6 de vacances en famille.

Mon père veut toujours avoir 7 , du 8 , ça 9 souvent entre lui et moi.
Ma demi-sœur ne me 10 pas. Elle est tout le temps en 11 contre moi.
Mon chien est mon meilleur ami. Il adore m'12 quand je fais un tour.

S'entraîner

☆ **4** **Tout le monde a des problèmes… Récris les phrases encadrées et utilise les pronoms d'objet direct *le*, *la*, *l'* ou *les*. | Nutze die direkten Objektpronomen, um Wiederholungen zu vermeiden.** ▸ Grammaire, p. 76/3

1. Je ne comprends pas ma sœur… Et toi, tu comprends ma sœur ? → Et toi, tu la comprends ?
2. Où est mon cahier ? Je ne trouve pas mon cahier ! ______
3. Vous aimez ma photo ? Moi, je n'aime pas ma photo. ______
4. Tes devoirs sont compliqués ? On peut faire les devoirs ensemble. ______

______

5

Les cousins veulent passer l'après-midi ensemble. Retrouve les deux mini-dialogues. | Finde die richtige Reihenfolge der Wörter und schreibe die Mini-Dialoge auf.

1

vous | au skatepark | retrouve | après les cours ? | On

____

nous | Non, | à la maison. | invitons | vous

____

2

pouvez | aider, | Les garçons, | vous | s'il vous plaît ? | nous

____

pas. | Ils | t' | entendent | ne

____

★ 6 a

Qu'est-ce qu'ils disent ? Note les lettres des phrases sur les bons dessins et complète les phrases par des pronoms d'objet direct. ▶ Grammaire, p. 76/3

Les pronoms d'objet direct

________	nous
te/t'	________
________	________

A Tu ________ accompagnes ?

B Waouh ! Je peux ________ filmer, Monsieur ?

C Mes devoirs ? Oui, je vais ________ faire tout de suite.

D Viens, on va ________ aider !

E Ah, la tablette est ici ! Je peux ________ prendre ?

F Je ________ aime ! Tu ________ aimes aussi ?

1

2

3

4

5

6

b

Écoute et vérifie tes solutions de a. Corrige si nécessaire. Puis écoute encore une fois et répète les phrases. | Sprich die Sätze laut und mit viel Ausdruck nach. Du kannst hier ruhig etwas übertreiben.

Écouter et comprendre

7 a **Alice a interviewé un copain mais ses réponses ne sont pas dans l'ordre. Lis les questions et écoute les réponses, puis note le bon numéro. Attention : pour une question, il n'y a pas de réponse !**

A ☐ Tu habites chez ta mère, pas vrai ? Comment ça va entre vous ?

B ☐ Est-ce que tu aimes tes frères et sœurs ?

C ☐ Comment est-ce que tu trouves ta chambre ?

D ☐ Vous avez un chien aussi, non ?

E ☐ Pourquoi est-ce que tu aimes ton meilleur ami ou ta meilleure amie ?

b **Beantworte die in a offen gebliebene Frage und benutze das passende Objektpronomen.**

____

____

Écrire

8 **Une journée dans la vie de Paul. Le soir, Paul écrit son journal intime[1]. Écris le texte à sa place. Utilise le passé composé et le présent.**

1 **le journal intime** das Tagebuch

1 
2 
3 
4 

faire la cuisine avec papa • *être* cool et drôle • *rigoler* beaucoup • Cora *être* chou • *vouloir* jouer tout le temps • *avoir* une dispute avec Marius • *prendre* sa tablette • *être* en colère • *manger* sans maman • *travailler* beaucoup • *rentrer* tard

Aujourd'hui, j'ai fait la cuisine avec papa. Il est vraiment cool et très drôle ! On a rigolé beaucoup !

____

____

____

____

____

____

____

Les Français passent en moyenne deux heures et treize minutes à table par jour. C'est un record mondial ! Et toi, combien de temps est-ce que tu passes à table ?

Lire et comprendre

▸ p. 66

1 **Qui parle de qui ? Lis le texte dans ton livre, p. 66, puis lis les phrases et relie. Parfois, il y a plusieurs solutions.**

Bigflo: → 1. « Il/~~Elle~~ compose nos mélodies. » → C'est Oli.

Oli:

Perrine:

Grégory:

1. « Il/Elle compose nos mélodies. »
2. « Il/Elle est né/e à Toulouse, et moi aussi. »
3. « Je suis très fier/fière d'elle / de lui. »
4. « Il/Elle gagne des médailles parce qu'il/elle est le/la meilleur/e. »
5. « Je trouve qu'il/elle est super drôle. »
6. « Il/Elle est plus jeune que moi mais on partage une grande passion. »
7. « Je trouve qu'il/elle est très courageux/courageuse. »
8. « Je peux compter sur lui/elle. »

C'est Bigflo.

C'est Oli.

C'est Perrine.

C'est Grégory.

Vocabulaire et expression

2 a **Un journaliste a écrit un article sur Amandine Henry, mais il a fait des fautes. Corrige et récris l'article dans ton cahier. Utilise les mots dans l'encadré.**

Amandine Henry est une joueuse de foot française qui est née en 1989 à Lille. Le foot, c'est sa grande passion depuis toujours. Elle est très bleue quand son père discute le souvenir extraordinaire de sa fille et quand le record d'Amandine commence. Elle est différente et elle a de la chance : Amandine peut énerver sa famille, surtout son père qui fait tout pour l'aider. Et voilà, l'or et les conflits arrivent vite ! À 19 ans, elle devient chef de France pour la première fois. Un an après, Amandine Henry est dans l'ouest de France ! Son père est très loin de sa fille rapide.

la carrière • championne • compter sur • courageuse • l'équipe • fier • jeune • les médailles • remarque • sportive • le succès • le talent

b **À toi ! Écris trois phrases sur une star de ton choix, comme en a. Ton/Ta partenaire les corrige. | Schreibe drei verrückte Sätze über einen Star deiner Wahl. Dein/e Partner/in korrigiert sie.**

3 a **Timéo présente ses amis. Garçon(s) ou fille(s) ? Écoute et coche les bonnes réponses.** ▸ Grammaire, p. 77/5

1. A ☐ Pascal — B ☐ Pascale
2. A ☐ Michel — B ☐ Michèle
3. A ☐ Raphaël — B ☐ Raphaëlle
4. A ☐ Frédéric et Gaël — B ☐ Frédérique et Gaëlle

Achte auf die Endung der Adjektive!
Hörst du [-if] oder [-ø]: ☐ Junge ☐ Mädchen
Hörst du [-iv] oder [-øz]: ☐ Junge ☐ Mädchen

b **Éthan parle de sa famille. Qui est courageux, qui est créatif, qui est heureux et qui est sportif ? Écoute et note.** ▶ Grammaire, p. 77/5

1. Le père d'Éthan est ______________________ et ______________________.
2. Noémi et Yaëlle sont ______________________.
3. La mère d'Éthan est ______________________.

Fais attention aux accords !

-eux	______
______	-euses

______	-ive
-ifs	______

S'entraîner

★ **4** **Ils sont comment ? Imagine et écris des mini-portraits comme dans l'exemple. Utilise les adjectifs *courageux, heureux, créatif* ou *sportif*.** ▶ Grammaire, p. 77/5

Exemple : 1. Voilà Fanette. C'est une dame de 79 ans qui a toujours été super sportive et qui a même gagné des médailles. Fanette est aussi grand-mère de sept petits-enfants et elle est très heureuse quand elle peut jouer au ping-pong avec eux.

____

____

____

____

____

____

☆ **5** **Qu'est-ce que tu aimes (faire) ? Présente-toi et écris au moins huit phrases dans ton cahier.**
▶ Grammaire, p. 77/4

Un groupe
Une ville
Un plat
Des films
Un animal
Une couleur
Une équipe
Un livre
Des chansons
Un instrument

que j'aime,
que je déteste,
qu'on regarde ensemble,
que j'adore manger,
que j'aime écouter,
que je trouve super/cool,
que j'aimerais visiter,
qu'on trouve dans ma chambre,

c'est ______
ce sont ______

☆ **6 a** **C'est quelle star ? Complète la devinette de Kylian par *qui* ou *que*, puis trouve et note la réponse.**

1. Ma star, c'est quelqu'un qui ______ est né en France.

2. … ______ fait du foot.

3. … ______ les Français adorent.

4. … ______ ses fans appellent Donatello.

5. … ______ est né en 1998. C'est qui ?

6. C'est ______.

★ **b** **Écris une devinette sur le modèle de a. Ton/Ta partenaire devine.**

1. Ma star, c'est quelqu'un qui ______.
2. Ma star, c'est quelqu'un qui ______.
3. Ma star, c'est quelqu'un que ______.
4. Ma star, c'est quelqu'un que ______.

C'est ______.

★ **7** **Complète le portrait d'Antoine Griezmann par les pronoms relatifs *qui, que/qu'* et *où*.**

Zoom sur Griezmann !

Voilà le portrait d'une star ______ est très sportive et très sympa. C'est une star ______ tout le monde adore et ______ est un des joueurs de foot préférés des Français. Nous parlons d'Antoine Griezmann, ______ fait du foot depuis toujours.

Griezmann joue d'abord à Mâcon, ______ il est né le 21 mars 1991. Mais plus tard, il va en Espagne ______ le petit Français (1,76 m) devient une star. Quel est le meilleur moment de sa carrière ?

En 2018, il joue dans l'équipe de France ______ devient championne du monde ! Griezmann, ______ ses fans appellent « Grizou » ou « Petit Prince », est sympa avec ses fans ______ il aime retrouver après les matchs. Mais c'est surtout le foot ______ il aime.

Lire et comprendre

☆ **1** a **Pourquoi est-ce que la mère de Maël est en colère ? Qu'est-ce qu'elle dit ? Retrouve les fins de phrases dans l'encadré et complète ce que Mme Le Goff dit.**

exagères • a appelé • prêter tes affaires • prendre mon fer à repasser • en ligne • acheter de fer à repasser

Un monsieur ______________________. Il veut passer pour ______________________. Ce monsieur ne peut pas ______________________ ? Maël, tu ______________________ ! Tu peux ______________________ ! Pourquoi est-ce que tu ne mets pas ton portable ou ton vélo ______________________ ?

▸ p. 69-70

b **Relis le dialogue entre Maël et sa mère dans ton livre, p. 69–70. Puis, complète ce résumé par les verbes suivants. Attention : il y a trois verbes en trop !**

expliquer • utiliser • prêter • emprunter • vendre • acheter • mettre • commander • discuter • trier

Madame Le Goff a un fer à repasser qu'elle ne/n' ______________ pas souvent. Son fils a mis ce fer à repasser en ligne pour le/l' ______________. Quand un monsieur appelle pour le/l' ______________, Madame Le Goff ______________ avec Maël. Elle veut pouvoir utiliser son fer à repasser quand elle veut. Maël ______________ que cette application d'échange est écologique. Une chose l'énerve : quand sa mère ______________ des choses sur Internet, elle ______________ beaucoup d'emballages à la poubelle. À la fin, Madame Le Goff est très en colère.

Écouter et prononcer

2 a **Complète d'abord les traductions françaises des expressions suivantes.**

1. Verpackungen in den Müll werfen: mettre des emballages à la poubelle
2. sein Zimmer mit jemandem teilen: ______________ sa chambre avec quelqu'un
3. Das ist Verschwendung! C'est du ______________ !
4. jung und mutig sein: être ______________
5. Öko-Ideen haben: avoir des idées ______________
6. etwas niemals anziehen: ne ______________ mettre quelque chose

b Écoute et répète. Corrige tes résultats de a, si nécessaire.

c Entoure la graphie[1] du son [ʒ] (comme dans *passage*) dans les mots de a.

1 **la graphie** die Schreibung

S'entraîner

☆ **3** a **Range les mots dans la frise comme dans l'exemple.** | **Ordne die Wörter zu den Themen Häufigkeit und Menge in den Strahl ein.**

très peu • tout • assez • ne... rien • beaucoup

souvent • ne... jamais • parfois • tout le temps • une fois par an

0 % → 100 %

très peu ______

parfois ______

b **Retrouve l'ordre des mots et écris les phrases.** ▶ Grammaire, p. 77/6

1. commande – en – ne – Lola – ligne – rien ______________.
2. jamais – es – colère – n' – Tu – en ______________?
3. ont – Mes – rien – parents – compris – n' ______________.
4. Il – aider – jamais – a – nous – n' – voulu ______________!

★ c **Imagine : tu partages une chambre avec ton frère / ta sœur et il y a souvent des disputes. Écris dans ton cahier.** | **Stell dir vor, du teilst dir mit deinem Bruder / deiner Schwester ein Zimmer und ihr streitet oft. Was wirfst du ihm/ihr vor? Schreibe in dein Heft so viele Vorwürfe wie möglich. Verwende die Verben aus der Wortliste sowie *ne... rien* und *ne... jamais*.** ▶ Liste des mots, p. 184–188

☆ **4** a **Trouve les formes du verbe *mettre* et note-les avec les pronoms personnels. Attention, il y a trois intrus !** | **Achtung: In der Wortschlange haben sich drei Eindringlinge versteckt!**
▶ Verbes, p. 156

mets|metmaimettonsmetzmetsmettezmismaismettent

mettre

______ ______

______ ______

______ ______

passé composé j'ai ______

b **Complète par les bonnes formes de *mettre* au présent, au passé composé ou à l'impératif.** ▶ Verbes, p. 156

1

Mamie, c'est la fête ! Ce matin, Papa et Rémi ______ un gâteau au four et maintenant, ils ______ la table[1] !

2

Tu ne les ______ jamais !

______ ça au vide-grenier, maman.

3

Nous ______ des livres sur une appli d'échange.

Ne ______ pas mes BD, s'il vous plaît !

1 **mettre la table** den Tisch decken

5

Qu'est-ce que ces jeunes prêtent et qu'est-ce qu'ils empruntent ? Complète par *ce/cet/cette/ces*.
▶ Grammaire, p. 77/6

1. Waouh, regardez ce ______ drone ! Ah, j'adore ______ appli !

2. Moi, j'emprunte ______ livre. J'aime bien ______ auteur.

3. J'ai mis en ligne ______ boules.

4. Et moi, j'ai prêté ______ écouteurs et ______ guitare.

★ 6

Au CDI, des élèves discutent. Complète les dialogues par *quel* et *ce*.

1. **Maya :** ______ mangas ou BD est-ce que tu empruntes ?
   Camille : J'ai pris une BD des « Vieux Fourneaux » de Lupano. J'adore !
   Maya : Moi aussi, j'aime beaucoup ______ BD. Elle est trop cool.
   Camille : Regarde ______ BD de Riad Sattouf. Elles sont bien aussi.

2. **Louis :** Salut. Est-ce que tu empruntes ______ livres ?
   Quentin : Oui, c'est pour mon frère. Il adore ______ auteur. Moi, bof…
   Louis : Alors, ______ auteur ou ______ auteure est-ce que tu préfères ?
   Quentin : J'aime les auteurs de jeux vidéo ! Regarde ______ jeu, par exemple, il est super !

Frage mit

quel	quelle
quels	quelles

Antworte mit

ce/cet	cette
ces	ces

Écouter et comprendre

7 a Ava et Jonathan ont un conflit. Écoute leur dialogue. Est-ce qu'ils trouvent une solution ? Coche et note.

☐ Oui, ils trouvent une solution.

☐ Non, ils ne trouvent pas de solution. ____________________ est toujours en colère.

b Écoute encore une fois et coche les illustrations correctes.

1. Pourquoi est-ce qu'Ava n'est pas contente ? A ☐  B ☐  C ☐ 
2. Quelle est l'idée de Jonathan pour ce soir ? A ☐ 

B ☐  C ☐ 
3. Quelle idée est-ce qu'il a pour demain ? A ☐  B ☐ 

C ☐ 

Écrire / Parler

8 a Noah et sa mère ont un conflit. Écris le dialogue et utilise les mots entre parenthèses.

Mère : ____________________
(mais / Noah / que / *faire* / là ?)

Noah : ____________________
(*jouer* à / jeu vidéo // pourquoi / *être* en colère ?)

Mère : ____________________
(m'*énerver* ! // pourquoi / ne pas *faire* / devoirs ?)

Noah : ____________________
(mais / déjà / *avoir* fait / devoirs !)

Mère : ____________________
(et / *avoir* préparé / exposé / pour demain ?)

Noah : ____________________
(oh non / exposé ! // *avoir* oublié / exposé // *pouvoir* m'aider / s'il te plaît ?)

Mère : ____________________
(quoi / histoire ? // ne pas *être* / d'accord // *être* / TON exposé !)

Noah : ____________________
(mais / ne jamais m'*aider* ! // *être* / nul !)

Mère : ____________________
(là / *exagérer* // mais / *avoir* raison / ne pas t'*aider* / souvent...)

b À deux, jouez le dialogue. | Spielt den Dialog und benutzt einen jeweils zum Text passenden Tonfall.

Médiation

9 Yanis, ton ami français, a trouvé cette appli sur Internet et t'a écrit un message. Réponds à ses questions en français.

> Bei einer Sprachmittlung musst du
> ☐ den gesamten Artikel übersetzen und wichtige Passagen, die Yanis interessieren, unterstreichen.
> ☐ die Informationen herausfinden, die Yanis interessieren und mit deinen Worten auf Französisch erklären.

Yanis

Hey, wie geht's? J'ai trouvé une super appli mais : SOS – je ne comprends pas tout… 😕 Il y a partout le mot « kaufen », alors est-ce qu'on achète les trucs ou est-ce qu'on les échange ? Qu'est-ce que je peux mettre en ligne ? Et là où il y a ce long mot « Ressourcenverschwendung », je ne comprends rien… tu peux m'aider ? Merci ! À +

19:52

Tauschen statt Kaufen: deine zukünftige Lieblings-App

Besitzt du auch so viele Dinge, die du gar nicht brauchst? Und kaufst trotzdem mehr und mehr und der Gegenstände-Berg zu Hause wächst? Dann tausche doch einfach deine Sachen gegen andere, nützliche Dinge: unsere Tausch-App macht es möglich! Tauschen statt Kaufen ist bei uns die Devise. Ist dir Wegwerfen zu schade und Verkaufen zu kompliziert, dann findest du mit unserer App eine Alternative, die richtig Spaß macht.

Wenn Du nachhaltiger leben, den Konsumkreislauf durchbrechen und nicht mitverantwortlich für Ressourcenverschwendung sein möchtest, dann ist es sinnvoll, Gebrauchsgegenstände möglichst lange zu nutzen statt immer wieder neue zu kaufen. Das gelingt dir mit Tauschen statt Kaufen – deiner neuen Lieblings-App!

Ein Buch für ein Computerspiel, ein Trampolin für eine Drohne oder auch Theater-Tickets für ein Instrument? Bei uns ist beinahe alles möglich – probier es einfach aus.

So funktioniert's: Schätze selbst den Wert deines Tauschobjekts ein und lade Foto und Kurzbeschreibung in der passenden Kategorie Bronze (Wert bis 10 €), Silber (Wert bis 50 €) oder Gold (Wert bis 100 €) hoch. Dann stöbere in derselben Kategorie nach etwas Neuem.

Findest du einen Tauschpartner in deiner Nähe, so dass ihr eure Gegenstände persönlich austauschen könnt, statt sie auf dem Postweg zu verschicken, erhaltet ihr außerdem Prima-Klima-Sammelpunkte.

Unsere kostenlose App Tauschen statt Kaufen ist ab sofort im App Store und hier zum Download erhältlich. Hab viel Spaß beim Stöbern und Tauschen!

Im *Atelier d'écriture* trainierst du intensiv das Schreiben.

1 **Complète les phrases et la règle à droite.**

Je filme souvent mes chiens. J'adore mes chiens.

→ Je filme souvent mes chiens ____________ j'adore.

→ Je filme souvent mes chiens. Je ____________ adore.

Um Wiederholungen zu vermeiden und Sätze komplexer zu gestalten, kannst du ein ____________ (qui, que/qu', où) oder ein direktes ____________ (le/la/l', les) verwenden.

2 a **Ton frère a préparé un exposé sur le rappeur Gims pour son cours de français. Dans le texte, il y a encore beaucoup de répétitions. Aide ton frère et souligne d'abord les répétitions.**

Bonjour tout le monde ! Aujourd'hui, je vais vous parler de Gims.
Gims est mon chanteur préféré. J'adore la mélodie de ses chansons. En plus, Gims a une voix[1] extraordinaire. J'aime beaucoup sa voix. Les paroles[2] de Gims sont super aussi. J'aime bien les paroles de Gims parce qu'elles ont toujours un message. Mais qui est alors cette star du rap ? Le vrai nom de Gims est Gandhi Djuna. Gims est un chanteur et rappeur congolais[3]. Il est né en 1986 à Kinshasa et il est arrivé en France à l'âge de deux ans. En France, il est une star, aujourd'hui.
Dans sa famille, la musique est très importante : son père et quatre de ses 14 frères et sœurs sont chanteurs aussi. La famille habite à Paris. Gims commence sa carrière à Paris avec le groupe Sexion d'Assaut. Et quand il ne chante pas, qu'est-ce qu'il aime faire ? Gims est très sportif. Gims aime aussi dessiner et regarder des séries. Et puis, il y a ses enfants et sa famille. Il adore ses enfants et sa famille.
Maintenant, on va écouter ma chanson préférée de Gims. Ma chanson préférée s'appelle *Origami*.

1 **la voix** die Stimme 2 **les paroles** *f. pl.* der Liedtext 3 **congolais/e** *adj.* kongolesisch

b **Remplace les répétitions comme en 1. | Ersetze die Wiederholungen durch Objektpronomen oder Relativsätze wie in 1.**

3 **Relis ton texte de l'exercice p. 68/7 dans ton livre. Améliore-le[1] comme dans l'exercice 2.**

1 **améliorer qc** etw. verbessern

Fais le point

Les mots pour le dire

1 **Tu écris un commentaire pour le blog d'Alice. Écris les phrases en français.**

1. Schreibe, dass deine Mutter viel arbeitet.
2. Schreibe, dass du mit deinem Stiefvater viele Konflikte hast und seine Tochter dich nervt.
3. Schreibe, dass du dich aber immer auf deinen Bruder verlassen kannst.
4. Schreibe, dass es viele Dinge gibt, die ihr miteinander teilt.
5. Schreibe, dass es eine Sache gibt, die euch einander immer näherbringt: euer Videospiele-Abend.

1. ______________________________.
2. ______________________________.
3. ______________________________.
4. ______________________________.
5. ______________________________.

Die direkten Objektpronomen

2 **Tu es chez ton ami français Enzo. Réponds à ses questions et utilise *le*, *la*, *les*, *me*, *te*, *nous* ou *vous*.**

1. – Zut, je n'ai plus de batterie ! Tu peux appeler ma mère ? – Oui, bien sûr, je peux ______________.
2. – Est-ce que tu as son numéro ? – Ah non, ______________.
3. – Est-ce que tu comprends mes profs ? – Non, ______________ toujours.
4. – Et moi, est-ce que tu me comprends ? – Oui, ______________ bien.
5. – Tu peux nous aider en allemand ? – Oui, bien sûr, ______________.

Das Verb *mettre* und weitere Verben

3 **Complète les dialogues par les bonnes formes de *mettre, acheter* et *vendre*. Utilise le temps indiqué (p. = présent, f.c. = futur composé, p.c. = passé composé).**

1. – Hier, je/j' ______________(p.c.) mes skis en ligne.

   – Tu les ______________ (p.) ? Pour combien ? Pour 20 € ?

2. – Tu ______________ déjà ______________ (p.c.) les jeux vidéo que tu n'utilises plus ?

   – Non, mais je/j' ______________ les ______________ (f.c.) en ligne après les vacances.

3. – Pourquoi est-ce que nous ne/n' ______________ (p.) pas ces BD sur le site e-change ?

   – Je ______________ les ______________ (f.c.) au vide-grenier ce week-end. Enfin, j'espère

   que quelqu'un ______________ les ______________ (f.c.).

Prüfe, ob du die Inhalte der Unité 3 beherrschst. Löse die Aufgaben hier oder auf scook.de und vergleiche mit den Lösungen dort. ► Code, S. 1

Die Relativpronomen *qui, que, où*

4 **Complète les définitions par les pronoms relatifs *qui, que* ou *où*.**

1. Un footballeur est quelqu'un ________ on trouve sur des terrains de foot et ________ joue pour gagner.
2. Notre cuisine est l'endroit ________ on prépare à manger et ________ on mange ensemble.
3. Une star, c'est quelqu'un ________ est célèbre et ________ ses fans adorent.
4. La documentaliste est une femme ________ travaille là ________ on peut emprunter des livres.

C-Test: Cocktail

5 **Complète le dialogue entre Chris et sa sœur Chloé.**

Chris : Qu'est-ce que tu fais ?

Chloé : Je cher______ un li______ en li______. C'est u___ super ro______ qui s'app________ « Grave ».

Chris : C'est qu_____ cette hist________ ? En li______ ? Mais c'e_____du gaspi__________.

Chloé : Quoi ? J___ ne comp__________ pas. Pour________ tu par______ de gaspi__________ ?

Chris : Ben, il y a tr_____ d'emballages qu______ on ach______ en li______. Après, t___ les me_____ à la poub________. Va a___ centre-ville po_____ acheter c___ livre !

Chloé : T___ m'énerves av_____ tes id______ écolo. Il fa_____ prendre l___ bus o___ une voi________ pour al______ au centre____________. Et pre________ le b_____ pour ach________ un li______, c'est d___ gaspillage au______.

Chris : Mais t___ es spor________, tu pe_____ aussi pre________ ton vé_____ !

Chloé : Oui, t___ as rai______. Mais t___ n'as me_____ pas reg________ le si_____ où j___ cherche c___ livre. Reg________, c'est u___ site d'éch________ écolo. J___ ne ve_____ pas ach________ ce li______, mais j___ voudrais l'empr__________.

Chris : Ah, d'accord ! Al______, ce n'e_____ pas par______ ! C'est une très bonne idée !

Module 3 : La France, championne du monde !

1 a **Quel mot ou quelle expression correspond à l'image ? Note la bonne lettre dans le dessin.**

A «L'équipe rouge mène 2 à 1.» B le/la gardien/ne de but C le ballon D passer le ballon à qn
E tirer F marquer un but G le score H le joueur / la joueuse I un/une arbitre

b **Qu'est-ce qui va ensemble ? Trouve les compléments qui vont avec ces verbes. Parfois, il y a plusieurs possibilités.** | **Finde die passenden Ergänzungen zu diesen Verben.**

un but • des problèmes • le ballon au joueur • 4 à 1 • le ballon • fort/e • une faute • près du but • un carton jaune • bien • un penalty • attention

passer ______________________ marquer ______________________

avoir ______________________ faire ______________________

être ______________________ donner ______________________

jouer ______________________ mener ______________________

2 a **Direct ou indirect ? Relie les ballons aux buts qui correspondent.** ▶ Grammaire, p. 98/1

gagner le match (gagner qc)

parler à l'entraîneur (parler à qn)

passer le ballon au gardien (passer qc à qn)

marquer un but (marquer qc)

donner un penalty au joueur (donner qc à qn)

b Pense à ton équipe préférée et écris une phrase avec chaque verbe de a.

★ 3 Tu commentes un match de foot. Qu'est-ce qu'on dit ? | Schreibe auf, wie man das sagt.

1. Wie sagst du, dass Sophie ein Foul begeht und die Schiedsrichterin ihr die gelbe Karte zeigt?

2. Wie sagst du, dass die grüne Mannschaft 4 zu 2 führt?

3. Wie sagst du, dass Laura das fünfte Tor für die grüne Mannschaft schießt?

4. Wie sagst du, dass es zur Halbzeit 5 zu 2 steht?

5. Wie sagst du, dass die zweite Halbzeit beginnt?

6. Wie sagst du, dass Klara nicht aufpasst, ... Ida schießt und ... trifft?

7. Wie sagst du, dass die Schiedsrichterin einen Strafstoß vergibt?

8. Wie sagst du, dass die grünen Spielerinnen gewinnen und es ein großer Tag ist?

Vocabulaire thématique Themenwortschatz Schule

1 a **Qu'est-ce qui va ensemble ? Relie. Il y a parfois plusieurs possibilités.**

	• sa journée
	• ses devoirs
apprendre •	• cours
arriver •	• ensemble
avoir •	• en retard
corriger •	• bien les choses
donner •	• son avis sur qc
être •	• son vocabulaire
expliquer •	• bon/ne / nul/le en histoire-géo
faire •	• des fautes
organiser •	• un exercice
préparer •	• un emploi du temps super / nul
travailler •	• trop de devoirs
	• un contrôle en français
	• un exposé

b **Raconte à un/e ami/e francophone, dans un mail, une journée type de ta vie au collège. Utilise des expressions de a et des expressions de temps.**

après • le matin • à (dix) heures • à midi • l'après-midi • le soir • aujourd'hui • demain • hier • d'abord • ensuite • finalement • souvent • parfois • tôt • tard • plus tard

____

____

____

____

____

____

____

Les pronoms d'objet direct Die direkten Objektpronomen

2 **De quoi est-ce que Yassine parle ? Écoute et note le numéro des phrases dans la bonne case.**

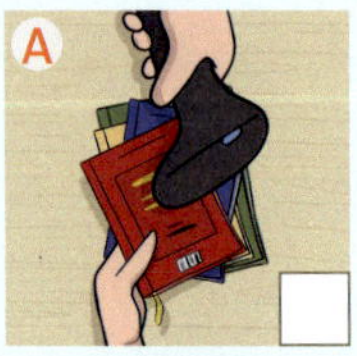

★ **3** Tu es en France chez un ami. Réponds à ses questions. Utilise *me/m', te/t', le/la/l', nous, vous, les.* | Vermeide Wiederholungen und verwende die direkten Objektpronomen.

1. Est-ce que tu prends le tram pour aller au collège ?
2. Est-ce que tes parents t'accompagnent à l'école parfois ?
3. Est-ce que tu aimes bien ton collège ?
4. Est-ce que tes parents peuvent t'aider dans ton travail ?
5. Est-ce que les profs vous écoutent quand vous avez des problèmes ?
6. Est-ce qu'ils comprennent les problèmes des élèves ?
7. Comment est-ce que tu trouves ton emploi du temps ?
8. Quand et où est-ce que tu fais tes devoirs ?
9. Est-ce que tu peux retrouver tes amis après le collège ?

1. ______________________________
2. ______________________________
3. ______________________________
4. ______________________________
5. ______________________________
6. ______________________________
7. ______________________________
8. ______________________________
9. ______________________________

Donner son avis Seine Meinung sagen

4 Écris des commentaires sur ton collège. Utilise *je trouve que* comme dans l'exemple.

l'arbre / la cour • l'élève / la classe • le/la prof / sévère • l'ordinateur / moderne • le contrôle / souvent

Je trouve qu'il n'y a pas assez d'arbres dans la cour.

1 **Explique cinq des mots suivants comme dans l'exemple.**

le geek • les inséparables *m./f. pl.* • la brute • le médiateur / la médiatrice • le chouchou / la chouchoute • le clown • l'intello *m./f.* • le/la bavard/e

Le geek, c'est quelqu'un qui aime beaucoup la technologie, les maths et les ordinateurs, par exemple.

____

____

____

____

____

2 a **Écoute les élèves, les profs et les parents. Est-ce qu'ils sont plutôt contents ou pas ? Note les numéros.**

☺ ______________________ ☹ ______________________

b **Écoute encore une fois, puis note le numéro des phrases dans la case correspondante.**

- ☐ A Nathan cherche une excuse.
- ☐ B Lisa fait tout au dernier moment.
- ☐ C Jade a une bonne moyenne.
- ☐ D Il met la pression à son enfant.
- ☐ E La professeure rend les contrôles.
- ☐ F Lucie préfère travailler seule.
- ☐ G La quatrième B a un contrôle en anglais.
- ☐ H Hugo aime participer en cours.
- ☐ I Marie peut poser des questions.
- ☐ J Max a eu une mauvaise note.

▸ p. 84

3 **Relis les expressions dans ton livre, p. 84, puis complète ce texte.**

Tiago est un bon élève. Il participe ______ en cours, il ______ ses devoirs et ______ bien son temps. Mais Tiago n'aime pas travailler en groupe, il préfère travailler ______ et ______ ses cours à la maison. Quand il ne comprend pas un exercice, il ______ des questions au prof.

Sa voisine Shana est différente. Elle aime bien ______ des idées en groupe. Mais elle fait les exercices au ______ moment et cherche des ______ parce qu'elle n'a pas encore terminé. Le prof est sympa. Il ne met pas la ______ à Shana, parce qu'elle a des bonnes ______ et une bonne ______.

Vocabulaire et expression

1 **Retrouve les douze mots dans la grille, puis complète les phrases.** ▶ Liste des mots, p. 190–191

1. Chloé ne peut pas venir en ______________________,
   elle est ______________________ .
2. Lucas, ton ______________________ a sonné !
   Viens manger tes cornflakes.
3. On fait ce test « Quel ______________________ d'ami est-ce que tu es ? »
4. La brute ne les laisse pas ______________________ !
5. Zut, j'ai oublié mon ______________________ de sport dans le métro !
6. Tu as trouvé le ______________________ de l'exercice 5 ?
7. Sur le ______________________ de Maya, la ______________________ de maths a écrit : « Élève ______________________. C'est bien. »
8. Amir a toujours des bonnes idées : il est très ______________________.
9. Sami est un élève ______________________, tout le monde l'aime bien.

A	B	R	É	V	E	I	L	C	D	T	A
I	R	U	V	I	L	N	S	O	É	U	R
S	É	R	I	E	U	S	E	U	B	É	G
É	S	C	O	P	A	T	E	R	R	I	E
B	U	L	L	E	T	I	N	S	O	S	N
A	L	É	N	C	Y	M	I	E	U	P	R
R	T	Y	P	O	P	U	L	A	I	R	E
B	A	G	A	T	Y	L	L	E	L	E	I
S	T	R	A	N	Q	U	I	L	L	E	S
Y	O	A	R	I	U	S	T	V	A	X	A
P	R	O	F	E	S	S	E	U	R	E	C
É	T	R	A	M	M	A	L	A	D	E	O

2 Comparer les langues : **Luna parle de sa vie au collège à Madrid. Qu'est-ce que tu comprends ? Prends des notes en allemand ou en français. Puis explique pourquoi tu peux comprendre.**

Cuando llego a casa hago los deberes enseguida. No dejo nada para el último momento. Aprendo vocabulario en francés o en inglés...
A mí me gusta trabajar sola, pero prefiero trabajar en grupo porque intercambiamos ideas. Es más interesante.
Muchas veces saco buenas notas y a veces saco una mala nota, pero mis padres no me meten presión.

____

____

____

____

____

Écouter et comprendre

> Lis d'abord les questions, puis écoute la conversation.

3 **Écoute cette conversation entre des copines de classe, puis réponds aux questions et coche la ou les bonnes réponses.**

1. De quoi est-ce que les filles parlent ? ____________________
2. Qui n'est pas d'accord avec son résultat ? ☐ Emma ☐ Léonie ☐ Rose
3. Elle n'aime pas l'école ☐ parce qu'il faut travailler.
   ☐ parce que les cours ne sont pas intéressants.
4. Ses copines sont d'accord avec ce résultat ☐ parce qu'elle trouve des solutions sans travailler.
   ☐ parce qu'elle compte sur ses copains pour l'aider.
5. Qui est l'élève sérieuse ? ____________________
6. Elle est sérieuse ☐ parce qu'elle travaille et participe en cours.
   ☐ parce que c'est une intello.
7. Qui est la fille populaire ? ____________________
8. Elle est populaire ☐ parce qu'on aime travailler avec elle.
   ☐ parce que ses copains comptent beaucoup pour elle et qu'on peut compter sur elle.

S'entraîner

4 a **Retrouve les formes du verbe *écrire*. Note-les avec le pronom personnel.**

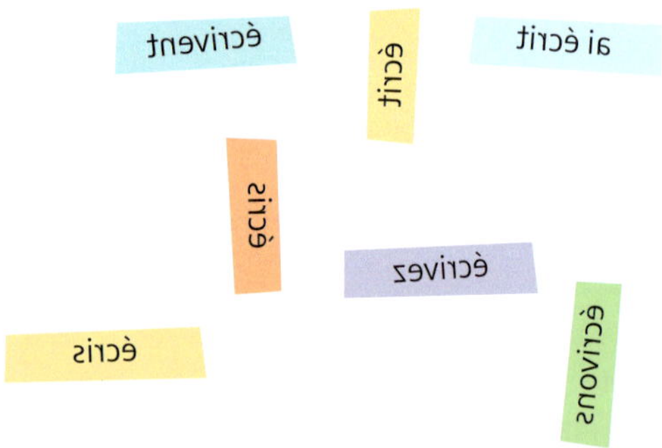

écrire

____________________ ____________________

____________________ ____________________

____________________ ____________________

passé composé ____________________

b **Complète les mini-dialogues par des formes d'*écrire*. Attention aux temps!** ▶ Verbes, p. 156

1. – S'il vous plaît, ____________________ sans faire trop de fautes ! Pia, ____________________ ton nom là.
   – Monsieur, comment est-ce qu'on ____________________ « éléphant » en allemand ?
2. – Est-ce que vous ____________________ déjà ____________________ vos commentaires ?
   – Non, pas encore, mais nous ____________________ les ____________________ aujourd'hui !
3. – En vacances, mes sœurs ____________________ toujours plein de cartes postales.
   – Nous, nous n' ____________________ jamais ! Et toi, tu ____________________ beaucoup ?

☆ **5** a **Entoure les compléments d'objet direct et souligne les compléments d'objet indirect. Puis note l'infinitif des verbes et leurs compléments possibles comme dans l'exemple.** ▶ Grammaire, p. 98/1 ▶ Verbes, p. 157

1. Alice écrit (un message) à Lamya. écrire qc à qn
2. Le CPE parle à Kylian. ______________
3. Kylian a répondu au CPE. ______________
4. Kylian apporte ses livres à Maël. ______________
5. Maël a téléphoné à Alice. ______________
6. Maël explique un problème à Alice. ______________
7. Alice a écouté Maël. ______________
8. Lamya prête son stylo à sa voisine. ______________
9. Le prof rend les contrôles aux élèves. ______________
10. Il a donné une bonne note à Kylian. ______________

★ b **Une journée à l'école. Qu'est-ce qui s'est passé aujourd'hui ? Écris un message de six phrases avec les verbes suivants. Écris dans ton cahier.**

donner qc à qn • écrire qc à qn • prêter qc à qn • apporter qc à qn • expliquer qc à qn • rendre qc à qn

☆ **6** a **Raconte le cours de Mme Pinson. Complète les phrases par *lui* ou *leur* et la bonne forme du verbe.** ▶ Grammaire, p. 98/2

Je parle à Léon.	→ Je ______ parle.
Je parle à Léa.	→ Je ______ parle.
Je parle à Léon et Léa.	→ Je ______ parle.

1. Voilà Mme Pinson devant ses élèves. Elle ______________ *(expliquer)* un exercice.
2. Rudy ne trouve pas ses affaires. Victoire ______________ *(prêter)* un stylo.
3. Les élèves font l'exercice et ensuite, Mme Pinson ______________ *(poser)* des questions.
4. Quentin n'a pas encore terminé. Son voisin ______________ *(donner)* son cahier.

★ b **Le cours continue. Complète comme en a.**

1. Amel veut poser une question à sa voisine. Alors, elle ______________ *(schreiben)* un message.
2. Les voisins d'Aïsha n'écoutent pas parce qu'elle ______________ *(erzählen)* des histoires.
3. Mme Pinson parle aux élèves. Elle ______________ *(aufgeben)* beaucoup de devoirs.
4. Quand ça sonne, Victoire range ses affaires et Rudy ______________ *(zurückgeben)* son stylo.

7 a Entoure les pronoms d'objet direct et souligne les pronoms d'objet indirect. | Kreise die direkten Objektpronomen ein und unterstreiche die indirekten Objektpronomen. ▶ Grammaire, p. 76/3, p. 98/2

1. Les élèves de la 4e B attendent leur professeure de chimie. Quand elle arrive, elle leur dit bonjour.
2. Lamya lui pose une question : « Quand est-ce que vous nous rendez les contrôles ? »
3. La prof lui répond : « Je vous rends les contrôles mardi. Je vais les corriger ce week-end. »
4. Les élèves font maintenant un exercice. Ils l'écrivent dans leur cahier. La voisine de Mariam a oublié son cahier. « Mariam, tu me passes une feuille, s'il te plaît ? » Et Mariam lui donne une feuille.
5. Alice a fait des fautes et doit les corriger. Lamya l'aide.
6. Arthur n'est pas venu en cours. Son copain Liam l'appelle sur son portable, mais il ne répond pas. Alors, Liam lui écrit un message. « Pourquoi est-ce que tu ne me réponds pas quand je te téléphone ? »

b Complète les six mini-dialogues par des pronoms d'objet direct ou indirect.

Objektpronomen	
direkte:	le la l' les
direkte/indirekte:	me/m' te/t' nous vous
indirekte:	lui leur

1. – Les garçons, on peut ___ emprunter votre ballon pour quelques minutes ?

   – On ne peut pas ___ prêter maintenant, on veut jouer au foot.

2. – Tu peux ___ prêter ton vélo ? Moi, je ___ prête mon skateboard.

   – Euh, tu peux aussi ___ prêter ton drone ?

3. – Pour l'anniversaire de Maeva, je vais ___ acheter une plante. Et toi ?

   – Moi, je vais ___ aider à préparer sa fête. Elle va ___ faire dans le parc.

4. – Malik, je voudrais ___ parler. Tu ___ écoutes ?

   – Oui, maman, je ___ écoute ! Qu'est-ce qu'il y a ?

5. – Les filles, vous ___ attendez ? On veut ___ accompagner à Saint-Nazaire.

   – Faites vite, le train part dans dix minutes et on ne veut pas ___ rater.

6. – Fathi et Sacha ont oublié l'heure. On ___ appelle ?

   – Attends, je ___ écris un message.

Écrire

8 Au choix : Décris le copain / la copine de classe idéal/e ou le/la prof idéal/e. Écris dans ton cahier.

aider qn · aimer faire qc · apporter qc à qn · défendre qn · donner des (bons) conseils à qn · donner des devoirs · donner des (bonnes/mauvaises) notes à qn · donner qc à qn · prêter qc à qn · écouter / comprendre (les problèmes de) qn · être sympa / populaire / drôle / sévère · expliquer qc à qn

Lire et comprendre

▸ p. 89

1 **Relis le texte, p. 89, puis réponds aux questions suivantes dans ton cahier.**

1. Quel est le problème de Lamya avec ses parents ?
2. Qu'est-ce que Kylian dit à Lamya ? Et quel conseil est-ce qu'Alice lui donne ?
3. Qu'est-ce qu'Alice dit sur ses parents ? Et qu'est-ce que Kylian raconte sur ses parents ?

S'entraîner

2 **Qu'est-ce qu'ils disent ? Complète par des formes du verbe *dire* à l'impératif (1x), au présent (3x), et au passé composé (2x).** ▸ Verbes, p. 155

Die 2. Person Plural von *dire* ist unregelmäßig, so wie bei *être* und *faire*: vous êtes, vous f________, vous d________

1

2

1. Vous avez parlé au CPE ? Qu'est-ce que vous lui ________________ ?
2. Jules, ne ________________ pas qu'on ne t'aide pas, ce n'est pas vrai !

3

4

3. Qu'est-ce que vous ________________ ? Je n'entends rien !
4. Charly et Louise ________________ qu'ils nous attendent dehors.

5

6

5. Le prof d'EPS ________________ que je dois être plus rapide.
6. Pourquoi est-ce que tu ________________ ça à Raphael ? C'est nul !

☆ **3** a **Maël a écrit un message à Kyllan. Qu'est-ce qu'il dit ? Utilise *il dit que* __ et *il trouve que* __.**
▸ Grammaire, p. 98/3

Maël

Salut ! Ma mère est en colère contre moi. Elle m'énerve et elle me stresse ! Elle exagère ! On va ranger l'appartement ensemble et après, on va faire les courses. Je ne vais pas pouvoir aller avec vous au ciné. C'est nul ! 😡 14:17

Ah, j'ai un message de Maël. Il dit que sa mère ________________

____

____

____

____

____

☆ **b** **Des jeunes Allemands qui ne parlent pas français passent la journée dans un collège en France. Aide-les. Utilise le discours indirect et *dire que* ou *demander si*.** ▶ Grammaire, p. 98/3

Was musst du beachten, wenn *si* vor Vokal steht?
- ☐ *si* vor Vokal wird immer zu *s'*.
- ☐ *si* wird nur vor *i* zu *s'*.

Exemple: 1. Elle dit que la cour est grande.

____

____

____

____

____

☆ **4** **a** **Complète le message qu'Adam écrit à son partenaire de tandem par les formes du verbe *devoir*.**
▶ Verbes, p. 155

Salut Moritz ! Voilà ma vie au collège : En semaine, je ______________ partir tôt de chez moi parce que j'habite loin du collège. Et toi, tu ______________ partir à quelle heure de chez toi, le matin ? En France, on ______________ beaucoup travailler pour l'école. Le mercredi matin, les élèves ______________ aller au collège. Et le mercredi après-midi, nous ______________ faire plein de devoirs ! Et vous, en Allemagne, est-ce que vous ______________ aller à l'école le matin et l'après-midi ? Raconte ! À plus ! Adam

★ b Qui doit faire quoi à l'école? Raconte et utilise les bonnes formes du verbe *devoir*. Écris dans ton cahier.

Nous • Le CPE • La principale • Le documentaliste • Les surveillants • Les profs	faire *ses* devoirs • surveiller les élèves dans la cour • préparer des exposés • corriger les contrôles • ranger les livres • organiser les emplois du temps • écrire des billets de retard • préparer les cours • écrire des contrôles • réviser le vocabulaire • parler aux parents

Parler – Tandem

5 Tu (A) es chez ton/ta correspondant/e (B) en France. Après les cours, vous parlez de l'école et de vos problèmes. A commence.

A

1. A: Frage B, warum er/sie nichts sagt. Geht es ihm/ihr nicht gut?
   B : Non, l'école me stresse. On a trop de devoirs.
2. A: Sage, dass du ihn/sie verstehst. Auch ihr habt zu viele Hausaufgaben und ihr habt viele Tests (*avoir beaucoup de contrôles*).
   B : Je dois faire des devoirs de maths ce soir. Je suis nul/le en maths !
3. A: Erkläre, dass du auch nicht gut in Mathe bist, sodass du B nicht helfen kannst (*ne pas pouvoir aider qn*).
   B : Ma mère va m'aider. Elle veut toujours travailler avec moi. Ça m'énerve !
4. A: Du erwiderst, dass sie ihm/ihr wenigstens hilft. Er/Sie hat Glück (*avoir de la chance*) !
   B : Bof ! Elle est bonne en maths mais je trouve qu'elle explique mal.
5. A: Du sagst, dass es bei dir umgekehrt ist (*être le contraire*). Wenn du Probleme in Mathe hast, fragst du deinen Bruder, der sehr gut erklären kann.
   B : Tu as de la chance ! Ah, j'ai aussi des devoirs d'allemand.
6. A: Du fragst B, ob er/sie Hilfe braucht (*avoir besoin d'aide*).
   B: Oui, je n'ai pas bien compris un texte.
7. A : Fordere B auf, seine/ihre Matheaufgaben zu machen und dann hilfst du ihm/ihr in Deutsch (*aider qn avec qc*). Und frage, ob B einverstanden ist.
   B : Merci, c'est vraiment sympa !

B

1. A : Pourquoi est-ce que tu ne dis rien ? Ça ne va pas ?
   B: Du antwortest, dass die Schule dich stresst. Ihr habt zu viele Hausaufgaben (*avoir trop de devoirs*).
2. A : Je te comprends. Nous aussi, nous avons trop de devoirs... Et nous avons beaucoup de contrôles.
   B: Sage, dass du heute Abend Matheaufgaben machen musst. Du fügst hinzu, dass du in Mathe eine Niete bist (*être nul/le en qc*).
3. A : Moi non plus, je ne suis pas bon/ne en maths, alors, je ne peux pas t'aider.
   B: Sage, dass deine Mutter dir helfen wird. Sage auch, dass sie immer mit dir lernen will (*vouloir travailler avec qn*) und dass dich das nervt.
4. A : Au moins, elle t'aide. Tu as de la chance !
   B: Na ja... Du erklärst, dass sie gut in Mathe ist, aber dass du findest, dass sie schlecht erklärt (*expliquer mal*).
5. A : Chez moi, c'est le contraire. Quand j'ai des problèmes en maths, je demande à mon frère qui explique très bien.
   B: Du erwiderst, dass A Glück hat. Es fällt dir ein, dass du auch Deutschaufgaben hast.
6. A : Tu as besoin d'aide ?
   B : Du bejahst und sagst, dass du einen Text nicht richtig verstanden hast (*ne pas avoir bien compris*).
7. A : Fais tes devoirs de maths et après, je t'aide avec l'allemand, d'accord ?
   B: Du bedankst dich, das ist wirklich nett!

Médiation

6 **Ta partenaire e-tandem Océane a besoin d'aide. Réponds à ses questions dans un mail.**

Objet : Au secours !

Salut ! Je dois lire cet article pour mon cours d'allemand, mais je ne comprends pas tout. On parle des devoirs, c'est bien cela ? Il y a des gens qui sont contre les devoirs ? Pourquoi ? Et est-ce que tu peux m'expliquer deux arguments pour les devoirs, s'il te plaît ? Merci ! Bises, Océane

Sollen Hausaufgaben abgeschafft werden? Oder besser nicht?

magaTeen

Nach einem langen und intensiven Schultag endlich frei haben ist für viele von euch nur ein ferner Traum, weil ihr eine Menge Arbeit für die Schule erledigen müsst, statt die Seele baumeln zu lassen. Welche Vor- und Nachteile haben Hausaugaben? Was spricht dafür und was dagegen? Wir fassen die Argumente für euch zusammen:

Dafür

1. Manche Aufgaben kann man kaum im Unterricht erledigen. Dazu gehören zum Beispiel das Auswendiglernen und Wiederholen von Vokabeln, aber auch kreative Einzelarbeiten.
2. Jeder lernt anders, anhand individueller Strategien und im eigenen Tempo. Das geht zuhause besser als im Klassenverband.
3. In der Schule reicht die Zeit nicht, um den Lernstoff ausreichend zu üben.
4. Die Hausaufgaben stärken die Selbstständigkeit. Man lernt dabei zum Beispiel, sich zu strukturieren und seine Zeit zu organisieren.

Dagegen

1. Hausaufgaben bedeuten oft Stress und nehmen viel Zeit in Anspruch. Wenn ihr zum Beispiel aber auch zum Sport oder Musikkurs gehen oder ganz entspannt eure Freunde treffen wollt, führt das in manchen Familien zu Streit und schlechter Stimmung.
2. Es ist unfair, zu viel Lernstoff auf die häusliche Umgebung zu verlagern, denn längst nicht alle Eltern haben die Zeit, ihre Kinder zu unterstützen. Auch können viele Eltern bei manchen Fragestellungen selbst nicht weiterhelfen.
3. Viele von euch haben schon mindestens einmal Hausaufgaben von Klassenkameraden abgeschrieben, weil ihr nicht die Zeit dafür gefunden habt, sie selbst zu erledigen. Hausaufgaben können also zu mehr Unehrlichkeit führen.

Unser Fazit

Hausaufgaben sind eigentlich eine gute Sache, weil es darum geht den Lernstoff individuell zu üben und zu wiederholen und auch selbständig zu arbeiten. Hausaufgaben gehören eben zur Schule, so wie zum Bleistift der Anspitzer! Wenn ihr aber das Gefühl habt, dass euch nicht mehr genügend Freizeit bleibt oder ihr nicht weiterkommt, solltet ihr eure Lehrer/innen auf jeden Fall darauf ansprechen.

Nob, Dad : Père à tout faire (tome 6), Dupuis 2019, page 4

je viens de voir ich habe gerade gesehen **le mien** meins (= *mein Gedicht*) **Tu te fiches de moi ?** *fam.* Machst du dich über mich lustig? **les Beatles** *groupe de musique anglais pop et rock, très célèbre dans les années 60 et 70* **on prend la peine d'en connaître l'origine** man macht sich die Mühe, die Quelle zu kennen **insipide** langweilig **ce gars** cet homme **reconnaître qn/qc** jdn/etw. wiedererkennen **il se permet de juger** er erlaubt sich ein Urteil **Ce monde est foutu !** *fam.* Diese Welt ist am Ende! **ancien/ancienne** alt **punir qn** jdn bestrafen **faut que je fasse plus gaffe la prochaine fois** *fam.* ich muss beim nächsten Mal besser aufpassen ▶▶▶

Lire et comprendre

1 a Lis cette BD et explique en une phrase en allemand pourquoi le père (« Dad ») va dans la chambre de sa fille Ondine.

> En France, les parents peuvent regarder sur Internet les notes scolaires de leurs enfants.

____

b Dein Opa hat diesen Comic gelesen, aber nicht alles verstanden. Erläutere in deinem Heft die verschiedenen Gründe, warum Ondines Vater wütend ist. Fasse auch die Pointe am Ende des Comics zusammen.

c À ton avis, quel genre d'élève est Ondine? Coche et justifie ta réponse.

Ondine est une élève ☐ sérieuse ☐ débrouillarde ☐ populaire

parce qu'elle ____.

2 Complète cet article de Magajeunes par les expressions suivantes. ▶ Mots pour le dire, p. 169

> je trouve que • je pense que • je trouve ça • je suis pour • je suis contre • ça dépend • à mon avis • par contre • ça veut dire que • qu'est-ce que tu en penses

Pour ou contre une matière « théâtre » au collège ?

Magajeunes

Les arts plastiques et la musique font déjà partie de ton emploi du temps. Est-ce qu'il faut avoir en plus une matière « théâtre » ?

______________________________ ?

Fatou, 13 ans

Je suis pour ! ______________________ c'est une super activité pour les gens timides.[1]

Karim, 14 ans

______________________ si ce n'est pas obligatoire[2] parce qu'il y a toujours des élèves qui font n'importe quoi. ______________________, le théâtre, c'est du sérieux !

Thibaud, 13 ans

Je suis contre parce que ______________________ on va avoir encore plus de devoirs.

Nora, 14 ans

______________________.

______________________ on a déjà assez d'heures de cours !

Gustave, 13 ans

______________________. On apprend à bien parler et à parler devant tout le monde.

______________________ très bien !

______________________, il faut aimer apprendre des textes par cœur[3].

1 **timide** *adj.* schüchtern 2 **si ce n'est pas obligatoire** wenn es nicht verpflichtend ist 3 **par cœur** auswendig

Vocabulaire et expression

3 **Choisis deux personnes. Imagine leurs caractères et décris-les avec un maximum d'adjectifs de l'encadré. Tu peux aussi raconter une journée typique de leur vie, parler de leur famille, leurs hobbys… Écris dans ton cahier et pense à faire l'accord !**

autre • bon • content • créatif • débrouillard • dur • fier • juste • malade • mauvais • même • motivant • populaire • précis • sérieux • sportif • tranquille

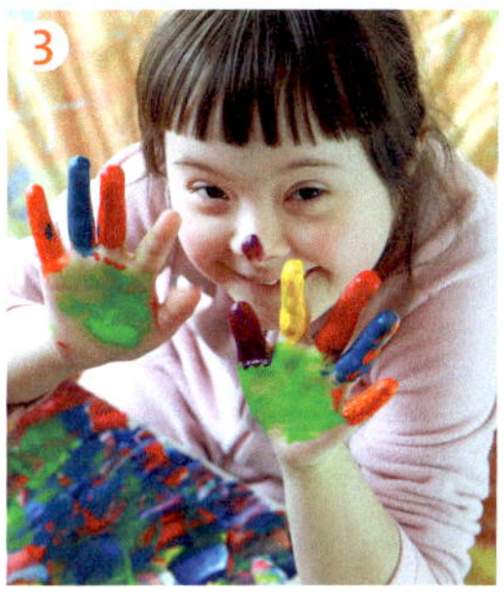

Médiation

4 **Dein kleiner Bruder hat erfahren, dass die Sommerferien in Frankreich zwei Monate lang sind. Nun möchte er nach Frankreich ziehen. Lies den Artikel und berichte ihm, was die französischen Jugendlichen von den langen Sommerferien halten.** ▶ Méthodes, p. 150/24-26

magaJEUNES

Youpi !!!! C'est parti pour les vacances !! Pour beaucoup d'élèves, c'est la chose la plus importante de l'année. Du mois de juillet jusqu'à la rentrée, début septembre, les élèves français partent en vacances et oublient tout : l'école, les contrôles et le stress. Beaucoup de Français restent en France et passent du temps en famille – à la plage, à la montagne ou à la campagne.

« J'adore les vacances : en juillet, je retrouve mes cousins près de Paris et en août, nous allons ensemble à la mer. C'est génial ! » (Marla, 14 ans).

Mais il y a aussi des élèves, comme Marius (15 ans), qui ont une autre idée sur le sujet : *« J'adore les vacances, bien sûr, mais je trouve qu'on a trop de stress pendant l'année scolaire. Les journées sont trop longues. Et puis, il y a les devoirs et les contrôles. Il faut préparer deux contrôles par jour, c'est l'horreur ! Je voudrais retrouver mes copains ou jouer de la guitare, mais je n'ai pas le temps. Je préfère avoir des vacances plus courtes pour des journées d'école plus courtes aussi ! »*.

Alors, l'année scolaire en France, c'est stressant pour tout le monde ? Sonya, 16 ans, n'est pas d'accord : *« Moi, je trouve que ça va : on a les grandes vacances, bien sûr, mais on a aussi des vacances plus courtes pendant l'année. »*

Et vous, quel est votre avis ? En tout cas, la rédaction de Magajeunes vous souhaite de **bonnes vacances !**

Atelier d'écriture

Im *Atelier d'écriture* trainierst du intensiv das Schreiben.

1 **Range, dans la bonne colonne, les mots et expressions qu'on utilise pour décrire une personne. Il y a plusieurs possibilités.**

aider quand il y a un conflit • aimer les mêmes choses • aimer aller à l'école • apprendre plein de choses • comprendre les problèmes de qn • tout faire ensemble • défendre qn • donner des conseils à qn • échanger des idées • écouter qn • lire beaucoup • bien participer en cours • passer beaucoup de temps ensemble • poser des questions à qn • travailler ensemble

l'intello *m./f.*	le médiateur / la médiatrice	les inséparables *m./f.pl.*

2 **Lis cette description modèle d'Emma, l'intello de la classe. Entoure les bons mots et les bonnes formes.**

Emma est dans ma classe. Au / En cours, je suis à côté d'elle. Elle m' / me aide toujours parce que / quand je ne comprends pas quelque chose. Elle est très sympa. En plus, c'est un / une intello. Elle apprend plein de choses ou / et lit tout le temps. J'aime discuté / discuter et ranger / échanger des idées pour / avec elle parce qu'elle as / a toujours des idées intéressants / intéressantes. J'aime travailler avec elle / lui aussi parce qu'elle / quand elle a toujours des bons / bonnes solutions. Elle participe au / en cours et elle a des bonnes notes. Elle pose toujours beaucoup de / des questions au / aux profs. Ils l' / lui aiment bon / bien et ils la / lui font confiance. Pendant la récré, Emma est souvent seul / seule et elle n'a pas beaucoup d' / des amis à l'école. Mais elle trouve / dit qu'elle aime rester seul / seule. Elle rêve ou elle révise ses cours / courses. Alors, on la / lui laisse tranquille. Je trouve qu'elle est trop sérieux / sérieuse, mais je l' / la aime bien, moi aussi / moi non plus.

3 **À toi ! Présente Luc, le médiateur ou Anne et Yasmina, les inséparables. Utilise des expressions de 1 et prends le texte de 2 comme modèle. Écris dans ton cahier.**

Vocabulaire

1 **Complète les expressions qu'on utilise pour parler des notes scolaires.**

1. Gad a eu la ______ note de la classe au contrôle d'allemand :

   20 ______ 20 !

2. Le ______ de Lila n'est pas très bon, mais elle a la ______ partout.
3. Il y a des élèves qui sont pour le ______ sur 20 parce qu'ils le trouvent ______. Mais il y a des élèves qui sont contre parce qu'ils le trouvent très ______.

Les mots pour le dire

2 **Comment est-ce qu'on dit cela en français ? Trouve les expressions correspondantes.**

Sage, dass ...

1. ... Mila im Unterricht gut mitmacht. ______
2. ... sie den Lehrkräften viele Fragen stellt. ______
3. ... sie immer gute Ergebnisse hat. ______
4. ... ihre Mutter sie manchmal unter Druck setzt und dass sie das stresst. ______
5. ... ihr Stiefvater sie aber in Ruhe lässt und dass er ihr vertraut. ______

Die Objektpronomen

3 **Complète les phrases par les pronoms d'objet direct et indirect.**

1. La professeure de latin dit bonjour aux élèves et elle ______ rend les contrôles. Marie demande à son voisin s'il a une bonne note, mais il ne ______ répond pas. Marie ______ énerve ! 2. Maintenant, la classe corrige les devoirs. Emma cherche son cahier dans son sac, mais elle ne ______ trouve pas ! 3. Simon lit les phrases et Dina ______ écrit au tableau. 4. Ensuite, la professeure explique la grammaire aux élèves qui ______ écoutent. Quand ils ne comprennent pas, ils ______ posent des questions. Ils aiment bien leur professeure de latin, ils ______ trouvent sympa.

Prüfe, ob du die Inhalte der Unité 4 beherrschst. Löse die Aufgaben hier oder auf scook.de und vergleiche mit den Lösungen dort. ▶ Code, S. 1

4 **Réponds aux questions. Utilise des pronoms d'objet direct ou indirect.**

1. – Tu peux aider tes copains, s'il te plaît ? – Oui, ______________________________

2. – Est-ce que tu comprends cet exercice ? – Non, ______________________________

3. – M. Martin rend les contrôles à ses élèves ? – Oui, ______________________________

4. – Est-ce que tu vas apporter tes cours à Zoé ? – Oui, ______________________________

Die Verben *écrire, dire* und *devoir*

5 **Complète par des formes des verbes *écrire*, *dire* ou *devoir* au présent, au futur ou au passé composé.**

Adam : Ah, c'était facile, ce contrôle ! Moi, j' __________ __________ plein de trucs !

Paul : Qu'est-ce que tu ______________ ?! C'était super dur !

Adam : Vous __________ toujours que c'est dur ! Vous __________ réviser vos cours, c'est tout !

Zora : Moi, je n'ai pas eu le temps de bien réviser, j' __________ __________ aider mes frères et sœurs à faire leurs devoirs. Mes parents ____________ travailler, ils ne peuvent pas nous aider.

Adam : Pardon Zora, tu ______________ avoir beaucoup de travail…

Paul : Bon, je rentre. Avec mon frère, on ______________ une histoire.

Adam : Vous ______________ une histoire ? Cool ! De quoi ça parle ? Raconte !

Paul : Je ______________ te ______________ ça demain.

C-Test : Cocktail

6 **Complète le texte.**

Il est seize heures, les élèves sortent du collège. Kenza ren____ chez el____. Son pè____ l'attend po____ réviser av____ elle. Ils pas______ beaucoup d__ temps ense______. Kenza ai____ bien trava________ avec s____ père. El____ a l'impre________ que to____ est pl____ facile ! E__ son pè____ ne l____ met p____ la pres______. Kenza a d__ la cha____ ! Et el____ a un tr____ bon bull______. Po____ Ethan, c'est diff________. Ses par______ ne peu______ pas l'ai____, alors, i__ fait s____ devoirs se____. Il a des prob________ pour orga________ son te____ et i__ fait to____ au der______ moment. Ma____ il app______ vite e__ ses par______ lui fo____ confiance. Lui aussi a une bonne moyenne.

Prüfe, ob du die Inhalte der Unité 4 beherrschst. Löse die Aufgaben hier oder auf scook.de und vergleiche mit den Lösungen dort. ▶ Code, S. 1

Module 4 : Chercher des corres en France

1 a La jeune allemande Luisa cherche une correspondante en France. Wen a répondu à son annonce. Lis la lettre de Wen, puis coche le bon portrait de Luisa.

Salut Luisa !

Je m'appelle Wen. Moi aussi, j'ai 13 ans et demi. J'ai lu ton annonce sur le site de l'OFAJ et je te réponds. Moi, je cherche une correspondante en Allemagne. Tu habites à Berlin, c'est super ! Je suis allée une fois à Berlin et j'ai beaucoup aimé cette ville !

Moi, je suis née à Hongkong, en Chine, mais maintenant, j'habite à Paris. Je suis en quatrième et j'apprends l'allemand depuis deux ans, mais je parle moins bien allemand que toi français ! Je parle cantonais (c'est une langue chinoise qu'on parle à Hongkong) à la maison et français au collège. Je parle bien anglais aussi.

Comme toi, j'habite avec ma mère et mon petit frère. Il s'appelle Liang. Moi aussi, j'ai un animal, mais ce n'est pas un chien, moi, j'ai un chat.

Moi aussi, je fais de la natation ! Je fais aussi de l'athlétisme et j'aime beaucoup la musique comme toi. Tu joues du piano, j'adore cet instrument ! Moi, je chante dans une chorale. Mes chanteuses préférées sont Louane et Pomme.

J'aime la cuisine chinoise. À Paris, il y a plein de magasins et de supermarchés chinois. Tu es végétarienne, cool ! J'adore les légumes et les fruits. Par contre, moi, je ne mange pas de produits laitiers parce que j'ai une allergie au lactose.

Tu aimes les vêtements sportifs et tu portes un appareil dentaire ? Moi, j'ai un look naturel et je porte des lunettes.

Comme toi, j'aime beaucoup parler et rigoler. La vie est plus sympa quand on peut rigoler !

Mes moments préférés de l'année sont Noël et le Nouvel An chinois, c'est une fête très importante pour nous. Comme toi, j'aime les grandes vacances, mais mon anniversaire ne compte pas comme pour toi…

Tu voudrais devenir professeure ? Tu es courageuse ! Alors, il faut devenir prof de français ! Moi, je voudrais devenir chanteuse et voyager partout dans le monde. Tu me trouves intéressante ? Alors, écris vite ! J'attends ta réponse !

À bientôt, j'espère !

Wen

1

2

3

b Écris le texte de l'annonce à la place de Luisa dans ton cahier, à l'aide de la lettre de Wen et à l'aide du modèle dans ton livre, p. 102.

> Sur le site de l'OFAJ / DFJW (Office franco-allemand pour la Jeunesse / Deutsch-Französisches Jugendwerk) tu peux poster une annonce pour trouver un/e correspondant/e.

Tu es en forme pour l'unité 5 ?

Hier wiederholst du schon Bekanntes ...

Les adjectifs Die Adjektive

1 **Abou veut présenter ses héros et ses héroïnes de mangas préférés. Utilise ces adjectifs pour présenter les personnages. Pense à faire l'accord !**

3 impressionnant – fort – timide – végétarien

4 différent – petit – grand – fort

1 sportif – courageux – moderne – débrouillard

2 bizarre – écolo – créatif – drôle

1. Mona et Lisa sont ____________, ____________, ____________ et ____________.
2. Machinix est ____________, ____________, ____________ et ____________.
3. Archiverte est ____________, ____________, ____________ et ____________.
4. Malo et Nadia sont ____________. Nadia est ____________, Malo est ____________. Ensemble, ils sont très ____________!

Vocabulaire thématique Themenwortschatz Biografie

2 a **Note pour chaque verbe deux compléments de la liste qui conviennent. Puis trouve un troisième complément et note-le. | Ordne jedem Verb zwei der folgenden Ergänzungen zu und finde jeweils noch eine weitere Ergänzung.**

célèbre • des prix • pour moi • en ligne • à Paris • du piano • sur son talent et ses idées • la pression • des vêtements extraordinaires • en 2001 • une médaille d'argent • une chanteuse populaire

devenir ____________

être né/e ____________

jouer ____________

compter ____________

mettre ____________

gagner ____________

b **Écris au moins six phrases dans ton cahier pour parler d'une star que tu aimes. Utilise les expressions de a.**

... in Vorbereitung auf die nächste Unité.

3 a Relie ces mots à leur équivalent allemand.

assez • au moins • aussi • d'ailleurs • même • par contre • plutôt • quand même • sauf • surtout • tout de suite

übrigens • ziemlich • sogar • mindestens • trotzdem • auch • vor allem • allerdings • sofort • eher • außer

b Nolwenn parle de ses stars préférées. Complète les phrases par les mots de a.

1. Quand Angèle met une vidéo en ligne, j'écris ______________ un commentaire. Ses chansons sont toujours super ______________ la chanson « Flou » que je trouve trop sérieuse.

2. La spécialité de Martin Fourcade, c'est le biathlon. Je pense qu'il a gagné ______________ cinq ou ______________ six médailles d'or aux Jeux Olympiques... C'est un record !
3. En ce moment, Griezmann, qu'on appelle ______________ Grizou, ne gagne pas souvent ses matchs, mais je trouve ______________ que c'est le meilleur joueur de foot français ! ______________ la BD où il raconte sa vie est ______________ nulle !
4. Shy'm est une chanteuse qui a du succès sur Internet et ______________ à la télévision. Dans la vraie vie, cette star est ______________ timide. ______________, « Shy'm » est son nom de scène parce que « shy » veut dire « timide » en anglais !

Les verbes Die Verben

4 Qui sont leurs stars ? Complète les phrases par la bonne forme de l'équivalent français de ces verbes.

antworten • erzählen • gewinnen • mögen • kommen • lesen • müssen • sagen • schreiben • wegfahren

1. Jules Verne est mon héros et j'ai ______________ beaucoup de ses livres. Le roman *Deux ans de vacances* ______________ l'histoire de jeunes qui ______________ en bateau mais ils ont un problème et ils ______________ rester pendant deux ans seuls sur une île. ***Aurélien, 14 ans***

2. Kylian Mbappé ______________ de Bondy, près de Paris. Avec les Bleus, il a ______________ la finale de la Coupe du monde et ses fans ______________ de lui que c'est le meilleur jeune footballeur français. Ma sœur et moi, nous l' ______________ beaucoup et nous lui avons même ______________ une lettre mais il n'a pas ______________. C'est dommage. ***Marthe, 13 ans***

Unité 5 Vocabulaire : Les activités en ligne

1 **Qu'est-ce que tu dis dans quelle situation ? Relie. Il y a deux commentaires en trop.** ▶ Liste des mots, p. 195

Tu veux dire qu'une personne a du succès sur Youtube. 1

Tu aides un ami qui veut télécharger une appli. 2

Ton frère t'énerve parce qu'il joue tout le temps sur sa tablette. 3

Vous voulez faire un gâteau mais vous n'êtes pas bons en pâtisserie. 4

Un copain a fait des photos bizarres pendant une fête et veut les poster. 5

Un prof du collège fait des vidéos pour expliquer des trucs. Tu trouves ça super. 6

Tu as posté une vidéo et tu veux que tes amis te donnent leur avis. 7

A « Tu es vraiment accro aux jeux vidéo ! »

B « Laissez un commentaire sur mon site ! »

C « Zut ! Je n'ai plus de batterie ! »

D « Il/Elle a un million d'abonnés ! »

E « Clique sur le lien ! »

F « Tu ne peux pas mettre ça en ligne ! C'est du cyberharcèlement. »

G « On pourrait regarder un tuto. »

H « J'enregistre presque tout. Mon portable, c'est ma vie. »

I « Vous pouvez les mettre en ligne et devenir youtubeur ! »

2 a **Retrouve les mots pour compléter les descriptions. À ton avis, est-ce que les personnes sont très accros (10) ou pas du tout accros (0) aux médias ? Donne-leur des points (de 0 à 10), puis compare avec ton/ta partenaire.**

1. Léonie getapar ________________ souvent des osdévi ________________ contre le berleharcymentcè ________________________________. ☐
2. Quand Arthur a fait un gâteau, il tepos ________________ d'abord une photo sur les seauxré auxciso ________________________________ et ensuite, il mange son gâteau. ☐
3. Leila a toujours son bletapor ________________ à côté d'elle, même dans son lit parce qu'elle ne veut pas rater les gessames ________________ de ses amis. ☐
4. Adam degarre ________________ beaucoup de tostu ________________ de sport. ☐
5. Sofiane a légétéchar ________________ une pliap ________________ pour réviser ses cours. ☐
6. Quand Louna cherche un truc sur Internet, elle quecli rus nu enli ________________________________, ensuite sur un autre, et encore un autre... à la fin, trois heures ont passé ! ☐

b **Et toi, tu es accro ou pas aux médias ? Écris trois phrases comme en a dans ton cahier.**

In Frankreich sind Handys an Schulen grundsätzlich verboten. In einer Umfrage gaben aber 20% der Schüler und Schülerinnen an, es trotzdem heimlich zu benutzen.
Wie sind die Regeln an deiner Schule? Und wie findest du sie?

Ma mère et moi (tome 6), Un échange enrichissant (extrait), Clair de lune, pages 13–14

abominable nul/le **je t'envoie** ich schicke dir **mignon/ne** chou **quel/quelle paresseux/-euse !** Was für ein Faulpelz! **gros soupirs** Seufz **J'aurais jamais pensé que quelqu'un pouvait boire un litre de coca par le nez !** Ich hätte nie gedacht, dass jemand einen Liter Cola durch die Nase trinken kann! **j'y vais** ich gehe (dann mal) **une oreille** ein Ohr **en me filmant** während ich mich filme

Lire et comprendre

1 a Lis la BD, p. 93. Puis, réponds aux questions et coche les bonnes réponses.

1. Cloé communique avec ☐ 2 ☐ 3 ☐ 4 ☐ 5 personnes.
2. Qui sont ces personnes ? ____________________
3. Cloé
   - ☐ chatte sur les réseaux sociaux.
   - ☐ compose une chanson.
   - ☐ joue à un jeu vidéo.
   - ☐ écoute une chanson.
   - ☐ compte ses abonnés.
   - ☐ partage une vidéo avec une copine.
   - ☐ explique les devoirs de maths à une copine.
   - ☐ parle avec sa mère de ses problèmes.
   - ☐ explique où on peut trouver la solution des devoirs.
   - ☐ regarde la photo d'un chanteur.

b Que pense la mère de Cloé? Termine les phrases.

Ma fille passe ____________________.

Elle est vraiment ____________________ et

elle __________ tout le temps ____________________. Je ne peux

plus ____________________. C'est ____________________.

c Donne ton avis sur la BD. Écris dans ton cahier.

Écouter et comprendre

▸ p. 113/3

2 a Compréhension globale : Kylian parle de Kevin Tran. Écoute l'interview. De quels thèmes est-ce qu'il parle ? Coche les quatre bonnes réponses.

- ☐ la copine de Kevin
- ☐ le caractère du père
- ☐ les mangas de Kevin
- ☐ les thèmes des vidéos de Kevin
- ☐ le caractère du frère (Henry)
- ☐ le caractère de la mère
- ☐ le talent de Kevin pour dessiner

b Compréhension détaillée : Recopie les quatre thèmes de a dans la colonne de gauche. Puis écoute encore une fois l'interview et complète la colonne de droite.

Les thèmes	Les infos que Kylian donne dans l'interview

2 c **Écoute l'interview où Alice parle de Natoo. Puis, lis les phrases et coche la ou les bonnes réponses.**

1. Natoo a fait une série avec	☐ Cyprien.	☐ Norman.	☐ Kevin et Henry Tran.	
2. Sur sa chaîne, Natoo parle de	☐ sa ville.	☐ son appartement.	☐ sa famille.	☐ ses rêves.
3. Elle aime filmer ses deux	☐ enfants.	☐ chats.	☐ voisins.	☐ chiens.
4. Elle critique	☐ les tutos de beauté.	☐ les autres youtubeuses.	☐ les youtubeuses qui font des tutos de beauté.	

S'entraîner

☆ 3 a **Complète le tableau par la bonne forme de l'adjectif *génial*.** ▶ Grammaire, p. 122/1

(masc. sing.)	génial	(fém. sing.)	______
(masc. plur. / mixte)	______	(fém. plur.)	______

b **Complète les expressions par la bonne forme des adjectifs *génial*, *original*, *normal* ou *national*. Il y a plusieurs solutions possibles.** ▶ Grammaire, p. 122/1

jouer dans l'équipe ______

faire des films ______

avoir un look ______

marquer des buts ______

composer des chansons ______

avoir une vie ______

écrire des livres ______

être une star ______

devenir célèbre mais rester ______

avoir des idées ______

★ 4 a **Marie-Hélène a posé des questions sur les youtubeuses allemandes à son corres Erik. Il répond mais il a des problèmes avec les terminaisons des adjectifs. Corrige.**

1 ______ 8 ______
2 ______ 9 ______
3 ______ 10 ______
4 ______ 11 ______
5 ______ 12 ______
6 ______ 13 ______
7 ______

Objet : Salut Marie-Hélène,

Merci pour ton message. Tes questions sont très intéressant[1]. Les youtubeuses allemand[2] les plus célèbre[3] comme Bibi Claßen ou Dagi Bee font surtout des tutos de beauté. Tu me demandes s'il existe des youtubeuses original[4] en Allemagne. Je ne pense pas… Il y a une youtubeuse engagé[5] et très actif[6] qui s'appelle Lisa Sophie Laurent. Mais elle a un look normale[7] et ses vidéos sont très sérieux[8] et pas super drôle[9]. Moi, je ne trouve pas ses idées super original[10] ou intéressant[11]. Il y a aussi des youtubeuses qui donnent des conseils sportif[12]. Par contre, il n'y a pas de youtubeuses qui critiquent les clichés national[13]. Bon, voilà, à plus ! Erik

b **Qu'est-ce que tu penses de la réponse d'Erik ? Réponds à Marie-Hélène, toi aussi. Écris dans ton cahier.**

☆ **5 a Retrouve les formes du verbe *voir* et note le ou les pronom/s personnel/s qui convient/conviennent. Attention, il y a trois formes intruses. Raye-les.** ▶ Verbes, p. 156

______ voit	______ vais	______ voient
______ veut	______ vois	______ ai vu
______ ai voyagé	______ voyons	______ voyez

★ **b Complète les phrases par les bonnes formes du verbe *voir* au présent ou au passé composé.**

1. Vous ______ déjà ______ *Police* avec Omar Sy ? C'est un bon film.
2. Sur la photo, vous ______ Cyprien, le youtubeur qui travaille avec Natoo.
3. Dans beaucoup de vidéos de Natoo, on ______ aussi d'autres youtubeurs.
4. Clique sur le lien pour ______ les photos. Ça marche ? Tu les ______ ?
5. Les arbitres nationaux sont super bons mais ils ne ______ pas tout !

Parler – Tandem

6 Discutez de vos stars préférées. A commence.

A

1. A: Du fragst B, wer sein/ihr Lieblingsyoutuber ist (*quel est …*).
   B: Moi, je suis fan de [nom]. Il/Elle est génial/e.
2. A: Du fragst, warum B ihn/sie mag.
   B: J'aime bien [sa musique / son look / son style / son humour / …].
3. A: Du fragst, ob er/sie auch engagiert ist (*être engagé/e*).
   B: Je ne sais pas. Et toi, tu as un youtubeur ou une youtubeuse préféré/e ?
4. A: Du sagst, dass du ein Fan von [Name] bist und dass seine/ihre Themen interessant sind.
   B: Je n'ai jamais vu ses vidéos. Qu'est-ce qu'il faut regarder ?
5. A: Du sagst, dass es viele gute Videos von [Name] gibt. Schlage B vor, das letzte Video anzuschauen, es ist beeindruckend (*être impressionnant/e*).
   B: Merci. Tu peux me donner le lien ?
6. A: Du bejahst und fragst, ob B auch ein Lieblingsvideo von [Name] hat.
   B: J'adore la vidéo / la chanson qui s'appelle [nom] parce que [la musique est cool / le thème est super / …].

B

1. A: Quel est ton youtubeur / ta youtubeuse préféré/e ?
   B: Du sagst, dass du ein Fan von [Name] bist und dass er/sie genial ist.
2. A: Pourquoi est-ce que tu l'aimes ?
   B: Du sagst, dass du seine(n)/ihre(n) [Musik/Look/Stil/Humor/…] magst.
3. A: Il/Elle est aussi engagé/e?
   B: Du sagst, dass du das nicht weißt. Du fragst, ob A eine/n Lieblingsyoutuber/in hat.
4. A: Je suis fan de [nom]. Ses thèmes sont intéressants.
   B: Du sagst, dass du seine/ihre Videos noch nie gesehen hast (*ne jamais voir*) und fragst A, was du schauen sollst.
5. A: Il y a beaucoup de bonnes vidéos de [nom]. Tu peux regarder sa dernière vidéo, elle est impressionnante.
   B: Du bedankst dich und fragst, ob A dir den Link schicken (*donner le lien*) kann.
6. A: Oui … Et toi, tu as aussi une vidéo préférée de [nom] ?
   B: Du sagst, welches Video / welchen Song du liebst und warum [Musik ist cool/ Thema ist super/ …].

Lire et comprendre

▸ p. 115

1 Voici des commentaires de fans qui encouragent Bilal Hassani. Lis le texte dans ton livre, p. 115, et note pour chaque commentaire le bon numéro du moment de sa vie. Attention, il y a deux commentaires en trop !

A ☐ Ne lis pas les commentaires des gens qui ne t'aiment pas ! Nous, on t'aime !

B ☐ Tu peux toujours compter sur tes frères et sœurs qui sont aussi des artistes, c'est super !

C ☐ J'ai acheté ton album. Il est gé-ni-al ! Tu vas faire un concert en Belgique aussi ?

D ☐ Oublie cet ami et ce collège.

E ☐ Bravo ! On adore les chansons que tu mets en ligne !

F ☐ Tu as été super à la télé. J'espère que tu vas gagner la finale !

G ☐ Tu es LA star nationale !

H ☐ Dommage ! Ça n'a pas marché ! Mais il faut continuer !

I ☐ J'aime quand tu mets des vêtements de star.

J ☐ Tu vas faire une grande carrière dans le sport, c'est génial !

K ☐ Bravo pour le bac et pour ta vidéo courageuse !

Vocabulaire

☆ 2 a Relie pour retrouver les mots.

gran • parti • quit • dif • fi • per • choi • médi • réu • encou

• ficile • ciper • nir • dir • sir • rager • ter • dre • ssir • as

★ b Complète l'article sur Evan par la bonne forme des mots de a. Utilise le présent.

Evan est né en Bretagne. Il ______________ dans un petit village. Après le bac, il ______________ son village pour faire des études à Paris. Ici, la vie est ______________ pour Evan qui veut devenir acteur. Mais ses amis l'______________ et ils ______________ : Evan ______________ à un casting pour un film. Evan a de la chance : Les gens de l'équipe le ______________ !

S'entraîner

3 a Conjugue les verbes entre parenthèses au présent. Puis trouve la rime qui convient par le son (der Klang) et par le contenu (der Inhalt) et relie. ▶ Verbes, p. 155

Je ________ (*choisir*)	1	A où vous allez.
Tu ________ (*finir*)	2	B tout dans sa vie.
Il ________ (*réussir*)	3	C les devoirs de chimie.
Nous ________ (*grandir*)	4	D leurs carrières d'actrice.
Vous ________ (*choisir*)	5	E près de Lyon.
Elles ________ (*finir*)	6	F mes amis.

b Écoute la solution de a et répète.

Les Français passent 108 minutes par jour sur les réseaux sociaux, contre 79 minutes chez les Allemands. Et toi, tu passes combien de minutes par jour sur les réseaux sociaux ?

☆ **4 a Retrouve dans la grille les six verbes en *-ir* et note-les dans la bonne colonne.** ▶ Verbes, p. 155

G	R	A	N	D	I	R
C	H	O	S	I	F	E
R	É	U	S	S	I	R
P	A	F	O	I	N	A
B	A	G	R	R	I	N
E	F	I	T	I	R	É
C	H	O	I	S	I	R
V	P	A	R	T	I	R

-ir (Typ sortir)	-ir (Typ finir)
Worauf musst du bei diesen Verbgruppen jeweils achten?	

★ **b Dans ce jeu vidéo, il manque des verbes. Complète par les bonnes formes des verbes de a.**

Dans un château, une dame mange au salon. Elle t'invite et vous ________ le repas ensemble. Tout à coup, un rat ________ d'une armoire et te donne un conseil : « ________ d'ici ! Cet endroit n'est pas bon pour toi ! » Alors, tu ________ la plus grande des trois portes et avec le rat, vous ________ dans le jardin. Mais là, les plantes ________ vite, trop vite ! Qu'est-ce que tu vas faire ? Le rat est déjà ________ par un trou. Vas-y, tu as presque ________ ! Il te reste encore une minute pour ________ du jardin et quitter le château…

5 **Complète le texte sur la chanteuse Suzane par *tout le, toute la, tous les, toutes les*.** ► Grammaire, p. 122/2

Dans la vraie vie, elle s'appelle Océane Colom, mais ______________ monde l'appelle Suzane. ______________ chansons qu'elle compose sont des succès. On les entend ______________ temps à la radio et Suzane gagne ______________ prix. Elle fait des concerts dans ______________ France où elle danse avec son groupe pendant ______________ spectacle. ______________ émissions de télé l'invitent. Suzane donne des interviews ______________ journée. ______________ monde l'adore. C'est le succès pour Suzane !

Écouter et comprendre

6 **Écoute les phrases et complète par les bons mots.**

mer – mère | sans – cent | mais – mets | faites – fête | perd – père | lis – lit | pris – prix | par – part

Diese Wortpaare klingen gleich. Du kannst nur entscheiden, welches Wort wohin gehört, wenn du seine Bedeutung erfasst hast.

1. Vous ______________ souvent la ______________ ici !
2. Honoré ______________ son ______________.
3. Je ______________ toujours le soir dans mon ______________.
4. Ludmilla ______________ à Paris trois fois ______________ semaine.
5. Esther a ______________ son ______________ et a dit « merci ».
6. Vincent fait une photo avec sa ______________ à la ______________.
7. Francine a fait ______________ kilomètres à vélo ______________ faire une pause !
8. ______________ pourquoi tu ______________ toujours des vêtements noirs ? C'est moche !

5 Atelier d'écriture

Im *Atelier d'écriture* trainierst du intensiv das Schreiben.

Um einen Vortrag auf Französisch zu halten,
1 sammelst und strukturierst du Informationen,
2 formulierst du deinen Text vollständig aus,
3 schreibst du dir Stichwörter auf und übst deinen Text ein.
In diesem Atelier d'écriture trainierst du Schritt 2.

1 a **Nico fait un exposé sur Angèle. Il a noté les phrases importantes de son exposé sur des fiches, mais il ne retrouve plus le bon ordre. Aide Nico: quelle est la fonction de chaque partie? Note les lettres des phrases dans le tableau.**

A *Ensuite, je vais parler des thèmes de ses chansons.*

B *Pour comprendre mon exposé, vous allez avoir besoin de ces mots: [...].*

C *À la fin, nous allons parler du look d'Angèle sur les photos et dans ses vidéos.*

D *Aujourd'hui, je vais vous présenter ma star préférée. Elle s'appelle Angèle.*

E *Maintenant, nous allons parler des chansons d'Angèle. Il y a des chansons qui parlent de la vie comme [...] et des chansons qui sont très engagées comme [...].*

F *Est-ce que vous avez des questions?*

G *Pour finir, je voudrais regarder avec vous des photos d'Angèle. Elle a toujours un look très original et on voit que [...].*

H *D'abord, je vais vous parler des moments importants de sa vie.*

I *Voilà. J'ai terminé. Merci pour votre attention[1]. J'espère que vous avez aimé mon exposé.*

J *Alors voilà, Angèle est née le 3 décembre 1995 en Belgique. Elle a un frère, Roméo Elvis [...]*

K *À mon avis, Angèle est une artiste qui a beaucoup de talent et qui aime la vie. C'est ma star préférée parce qu'elle est engagée, courageuse et drôle.*

1. Den Vortrag einleiten:	______
2. Auf unbekannte Wörter hinweisen:	______
3. Den Inhalt des Vortrags vorstellen:	______
4. Zu den einzelnen Punkten sprechen:	______
5. Seine persönliche Meinung äußern:	______
6. Den Vortrag beenden:	______
7. Einladen, Fragen zu stellen:	______

1 **l'attention** *f.* die Aufmerksamkeit

b **Markiere in a die wichtigen Redemittel für einen Vortrag.**

2 **Nour fait un exposé sur sa star préférée. Elle a pris des notes en allemand. Aide-la. Écris dans ton cahier l'introduction (points 1 et 3) et la conclusion (points 6 et 7) de son exposé en français.**

Anfang/Thema: Marc-Uwe Kling – Autor der Känguru-Chroniken
Mein Vortrag hat drei Teile: sein Leben – die Themen seiner Bücher – sein Humor
Ende: Eigene Meinung: viel Talent, hat viel gelesen, originelle Ideen, präsentiert sie mit Humor
Dran denken: für Aufmerksamkeit danken!
Fragen?

Wortschatz

1 **Note le contraire.**

1. gagner - ______________________
2. rester - ______________________
3. critiquer - ______________________
4. normal - ______________________
5. commencer - ______________________
6. facile - ______________________
7. continuer - ______________________
8. après - ______________________

Les mots pour le dire

2 **Complète les phrases par la forme du verbe qui convient.**

auswählen • kritisieren • wachsen • ermutigen • enden • sich verlieben

1. On dit « Continue, tu as du talent ! » quand on veut ____________________________ quelqu'un.
2. On dit « Tu exagères ! » quand on veut ____________________________ quelqu'un.
3. On dit « Je veux rester un enfant ! » quand on ne veut pas ____________________________.
4. On dit « J'aime les deux. » quand on ne veut ou ne peut pas ____________________________.
5. On dit « Encore cinq minutes, s'il vous plaît ! » quand on n'a pas ____________________________.
6. On dit « Tu es tout pour moi ! » quand on ____________________________.

Les verbes

3 **Complète les phrases par les verbes *finir*, *choisir*, *grandir*, *réussir* ou *voir* à la forme qui convient.**

1

2

3

4

Prüfe, ob du die Inhalte der Unité 5 beherrschst. Löse die Aufgaben hier oder auf scook.de und vergleiche mit den Lösungen dort. ► Code, S. 1

L'adjectif indéfini *tout*

4 **Complète par la bonne forme de l'adjectif indéfini *tout*.**

1. Je suis allé voir le Rire Jaune à Paris. On a rigolé pendant ________________ spectacle !

2. Lou de Laâge est extraordinaire. J'ai vu ________________ films de cette actrice.
3. J'aime ________________ chansons d'Aya Nakamura. Elles sont super pour danser.
4. Mbappé a été génial pendant ________________ finale. C'est vraiment mon joueur de foot préféré.

C-Test : Cocktail

5 **Théo a un message important pour les adultes. Complète son texte.**

Bonjour, je m'appelle Théo. J'ai 16 a___ et j___ voudrais vo___ parler d___ la v___ des ge___ de m___ âge s___ Internet. J___ trouve q___ les adu___ nous criti___ trop. I___ pensent qu'___ est ac___ à nos port___ mais i___ n'ont p___ assez d'in___ sur no___ vraie v___. C'est vr___, nous som___ presque n___ avec l___ réseaux soc___, nous av___ grandi av___ Youtube et no___ sommes to___ le te___ en ligne. No___ n'allons pl___ au cin___ comme n___ parents pa___ que no___ regardons to___ les fi___ que nous aim ___ en lig ___. Nous n___ lisons p___ de liv___ mais no___ regardons d___ séries géni___ qui par___ des prob___ de no___ temps. No___ écoutons l___ avis d___ nos par___ et d___ nos pr___ mais sou___ nous préf___ les cons___ des youtu___ et d___ youtubeuses pa___ qu'ils so___ plus orig___ et pa___ qu'ils o___ beaucoup d'hum___. Mais no___ apprenons au___ beaucoup d___ choses av___ nos acti___ en li___. Nous fai___ la cui___ et d___ sport av___ des tu___ de n___ stars préf___. Nous som___ aussi créa___ et eng___. J'ai d___ amis q___ ont cr___ une cha___ Youtube po___ donner le___ avis s___ l'avenir d___ la pla___. Vous vo___ : Youtube n'e___ pas u___ autre mo___. C'est notre porte pour entrer dans le monde.

Prüfe, ob du die Inhalte der Unité 5 beherrschst. Löse die Aufgaben hier oder auf scook.de und vergleiche mit den Lösungen dort. ► Code, S. 1

Module 5 : Le blog de Kylian à La Réunion !

1 a **Qu'est-ce qui va ensemble ? Écris dans ton cahier.**

habiter • prendre • durer • participer • compter • nager • visiter • parler • ça sent • devenir

créole • la banane • dans la capitale • le centre de l'île • trois jours • fou/folle • dans la mer • à une course • l'avion • 300 habitants

b **Imagine un voyage extraordinaire et écris le texte dans ton cahier. Utilise au moins six des expressions de a.**

2 a **Écris dans ton cahier toutes les combinaisons possibles, comme dans l'exemple.** ▶ Grammaire, p. 123/5–6

Exemple : une belle forêt, une vieille forêt

beau • nouveau • vieux

une forêt • un ami • une émission • un habitant • des activités • des avions • un continent

b **Voici des photos de La Réunion. Trouve le bon commentaire et complète-le par la bonne forme de *beau*, *nouveau* ou *vieux*. Attention : il y a un commentaire en trop.** ▶ Grammaire, p. 123/5–6

1 
2 
3 
4 

☐ Le pont des Anglais est un ________________ pont.

☐ Un volcan actif est un très ________________ spectacle.

☐ C'est la plus ________________ cascade de l'île !

☐ Il y a aussi des ________________ ponts très modernes !

☐ Ce ________________ arbre a 300 ans !

3 a **À toi. Qu'est-ce qu'il y a dans ta région ? Choisis et note dix mots pour parler de ta région.**

activités • animaux • bâtiment • capitale • cascade • cathédrale • centre-ville • château • fleuve • gare • habitant • hôtel • île • jardin • mer • montagne • monument • musée • parc • plage • pont • nature • œuvre d'art • paysage • restaurant • route • sport • spectacle • ville • village • ___

b **Voici deux groupes d'adjectifs. Quelle est la différence ? Complète la règle.** ▶ Grammaire, p. 26/3

Diese Adjektive stehen ________ dem Nomen:
beau • grand • haut • joli • long • nouveau • petit • vieux • super • bon • vrai

Diese Adjektive stehen ________ dem Nomen:
actif • célèbre • extraordinaire • fou • génial • impressionnant • intéressant • moderne • original

c **Trouve pour tes dix mots de a un adjectif de b. Puis, raconte dans ton cahier ce qu'il y a dans ta région.**

Exemple : Dans ma région, il y a une vieille cathédrale, ...

Quellenverzeichnis

Illustrationen: Céline Bailleux **S. 3, 4, 12, 13, 14, 17, 19, 22, 23, 36, 39, 40, 49, 51, 53, 57, 58, 62, 64, 65, 70** *ob.*, 72, 77, 78, 79, 80, 86, 89, 90, 98, 101; Laurent Lalo **S. 9, 10, 28, 30**

Karten: Klaus Kühner **S. 15, 16** *ob. (alle)*

Auftragsfotos: Cornelsen/BUZZ Productions **S. 7** *un. re.*, 9, 33, 55, 61 *ob.*, 79 *un. re.*

Abbildungen: **U1** *li.* mauritius images/Linda McKie/Les Machines de l'île, Nantes, France, *re.* Shutterstock.com/Torres-Olivier; **S. 5** *ob. Erde* stock.adobe.com/bischy, *ob. Küste* stock.adobe.com/Freesurf, *un. 1* Shutterstock.com/Tanya Sid, *un. 2* Shutterstock.com/Nattika, *un. 3* stock.adobe.com/margo555, *un. 4* Shutterstock.com/DenisMArt, *un. 5* Shutterstock.com/bergamont, *un. 6* stock.adobe.com/guy, *un. 7* ClipDealer GmbH/Valeriy Novikov, *un. 8* Shutterstock.com/Billion Photos, *un. 9* Shutterstock.com/JeniFoto, *un. 10* Shutterstock.com/Svetlana Serebryakova; **S. 7** *un. li. (alle 8)* @webalys under the Creative Common Attribution licence; **S. 8** Shutterstock.com/Denis Cristo; **S. 10** *un.* Shutterstock.com/Pajor Pawel/Antoni Gaudí und Josep Maria Jujol; **S. 11** Shutterstock.com/CREATISTA; **S. 13** *ob. re.* Shutterstock.com/MikroKon; **S. 16** *Mi. 1* Shutterstock.com/Jacky D, *Mi. 2* Shutterstock.com/AL Robinson, *Mi. 3* Shutterstock.com/peter jesche, *un. re.* Shutterstock.com/gabriel12; **S. 18** *Mi. Schloss* Shutterstock.com/Ttstudio, *Mi. li. Profilbild* Shutterstock.com/Rashad Ashur, *Mi. re. Emoticon* stock.adobe.com/pukach2012, *un. Skyline* Shutterstock.com/JosepPerianes; **S. 21** *ob.* Shutterstock.com/Joseph Sohm, *Mi. li.* Shutterstock.com/Dean Drobot, *Mi. re.* Shutterstock.com/Kuznetsov Alexey; **S. 22** Shutterstock.com/Africa Studio; **S. 23** *Filmklappe* stock.adobe.com/R-DESIGN; **S. 24** *1* Shutterstock.com/S1001, *2* Shutterstock.com/MANDY GODBEHEAR, *3* Shutterstock.com/Yarek Gora; **S. 25** Shutterstock.com/Alexey Gorshenin; **S. 27** Shutterstock.com/5 second Studio; **S. 31** *v. li. nach re. 1* mauritius images/alamy stock photo/UtCon Collection, *2* mauritius images/alamy stock photo/MARKA, *3* dpa Picture-Alliance/AP, *4* Shutterstock.com/snowblurred/Jean Fréour: Anne de Bretagne, Bronze, 2002, *5* Shutterstock.com/Everett Collection; **S. 32** Imago Stock & People GmbH/GlobalImagens; **S. 34** *Mi. re.* Shutterstock.com/Luis Molinero, *Profilbild* Shutterstock.com/Africa Studio; **S. 35** *ob. re.* mauritius images/alamy stock photo/Stockimo/Ed Buziak, *Mi. li.* stock.adobe.com/PHILETDOM, *un. Profilbild* Shutterstock.com/ra2 studio; **S. 37** Shutterstock.com/Studio MDF; **S. 38** *li.* Shutterstock.com/MRProduction, *re.* Shutterstock.com/Odua Images; **S. 42** *ob. re.* Shutterstock.com/RobArt Photo, *Mi.* Shutterstock.com/Ilya Shimanskiy; **S. 44** Shutterstock.com/Monkey Business Images; **S. 45** Shutterstock.com/fizkes; **S. 46** *un.* Shutterstock.com/gonzagon, *2. v. un.* Shutterstock.com/insta_photos; **S. 50** Shutterstock.com/Oliver Foerstner; **S. 52** Shutterstock.com/RUBEN M RAMOS; **S. 54** Shutterstock.com/Ebtikar; **S. 59** mauritius images/alamy stock photo/ZUMA Press; **S. 60** *1* Shutterstock.com/Master1305, *2* Shutterstock.com/Robert Kneschke, *3* Shutterstock.com/FERNANDO MACIAS ROMO, *4* Shutterstock.com/Ersler Dmitry; **S. 61** *un. re. Foto* Shutterstock.com/Christian Bertrand; **S. 64** *1* Shutterstock.com/Kzenon, *2* Shutterstock.com/carballo, *3* Shutterstock.com/fizkes; **S. 65** Shutterstock.com/Monkey Business Images; **S. 66** *ob. Emoticon* stock.adobe.com/pukach2012, *ob. Profilbild* Shutterstock.com/Africa Studio, *Mi. Icons* Shutterstock.com/Rashad Ashur; **S. 67** mauritius images/alamy stock photo/Andrea Raffin; **S. 69** Shutterstock.com/Dragon Images; **S. 70** *un. Fußball* Shutterstock.com/irin-k, *un. Fußballtor* Shutterstock.com/MicroOne; **S. 73** *ob.* Shutterstock.com/morrowlight, *un.* stock.adobe.com/Straghertni; **S. 74** *Emoticons* stock.adobe.com/pukach2012; **S. 75** Shutterstock.com/Denis Kuvaev; **S. 79** *un. Emoticon* stock.adobe.com/pukach2012, *un. Erdkugel* Shutterstock.com/ra2 studio; **S. 82** *li.* Shutterstock.com/ZouZou; **S. 83** Dad 6 – Père à tout faire © DUPUIS 2019, by Nob www.dupuis.com All rights reserved; **S. 84** *Mi. li.* Shutterstock.com/ThomsonD; **S. 85** *ob. 1* Shutterstock.com/Friends Stock, *ob. 2* Shutterstock.com/Roman Samborskyi, *ob. 3* Shutterstock.com/Denis Kuvaev, *ob. 4* Shutterstock.com/Ljupco Smokovski, *un. li. Foto* Shutterstock.com/Sergey Novikov; **S. 86** *un. li.* Shutterstock.com/wavebreakmedia, *un. re.* Shutterstock.com/michaeljung; **S. 89** *ob. re. Foto* Shutterstock.com/Kenishirotie; **S. 91** *Mi. li.* mauritius images/alamy stock photo, *un. li. (beide)* Shutterstock.com/Africa Studio; **S. 93** Cantin-Isabel-Nouveau © Éditions Clair de Lune; **S. 97** *Mi. re.* Shutterstock.com/Angyalosi Beata, *un. re.* Shutterstock.com/IKO-studio; **S. 99** dpa Picture-Alliance/AP Content; **S. 100** *ob. re.* dpa Picture-Alliance/abaca/ABACAPRESS.COM; **S. 102** mauritius images/alamy stock photo/Matteo Chinellato; **S. 103** *1* Shutterstock.com/Balate Dorin, *2* stock.adobe.com/Unclesam, *3* Shutterstock.com/Zamir Popat, *4* stock.adobe.com/Jimmy; **U4** Shutterstock.com/Henryk Sadura;

S. 61, 85, 89, 100 *Pin*: Shutterstock.com/Picsfive

S. B, D, F, H *Orts-Symbol* Shutterstock.com/Lidiia Koval; *Sanduhr-Symbol* Shutterstock.com/myupoo; *Sprechblasen-Symbol* Shutterstock.com/LINE ICONS; *Kurvendiagramm-Symbol* Shutterstock.com/notbad

SCHREIBKARTEN

Schneide die Karten aus und verwende sie zum Schreiben von Texten:

- **Vor dem Schreiben:** Wähle Redemittel aus den vier Kategorien und strukturiere damit deinen Text vor.
- **Nach dem Schreiben:** Überprüfe deinen Text und verbessere deinen Ausdruck durch ausgewählte Redemittel aus den verschiedenen Kategorien.

▶▶▶

		d'abord zuerst	**après** dann, danach
ensuite danach	**et puis** und dann	**enfin** endlich, schließlich	**parfois** manchmal
une semaine sur deux jede zweite Woche	**un week-end sur deux** jedes zweite Wochenende	**souvent** oft	**le jeudi** jeden Donnerstag, donnerstags
toujours immer	**depuis** seit	**tôt** früh	**tard** spät
de… à… von … bis …	**pendant** während	**quand** als, wenn	**hier** gestern

À plus! TEMPS ZEIT	À plus! TEMPS ZEIT	

– Als Spiel:

☆ Erzählt zu zweit oder zu dritt eine (Nonsens-) Geschichte. Legt die nach Farben sortierten Kartenstapel verdeckt auf den Tisch. Jede/r formuliert abwechselnd einen Satz. A beginnt, zieht eine beliebige Karte und formuliert mit dem Wort den ersten Satz. B zieht die nächste beliebige Karte und führt die Geschichte fort.

★ Spielt zu zweit und legt die nach Farben sortierten Kartenstapel verdeckt auf den Tisch. Zieht abwechselnd zwei beliebige Karten aus verschiedenen Stapeln und formuliert einen Satz, in dem beide Wörter vorkommen.

À plus! TEMPS ZEIT	À plus! TEMPS ZEIT	À plus! TEMPS ZEIT	À plus! TEMPS ZEIT
À plus! TEMPS ZEIT	À plus! TEMPS ZEIT	À plus! TEMPS ZEIT	À plus! TEMPS ZEIT
À plus! TEMPS ZEIT	À plus! TEMPS ZEIT	À plus! TEMPS ZEIT	À plus! TEMPS ZEIT
À plus! TEMPS ZEIT	À plus! TEMPS ZEIT	À plus! TEMPS ZEIT	À plus! TEMPS ZEIT

maintenant jetzt	**aujourd'hui** heute	**demain** morgen	**bientôt** bald
au début am Anfang	**déjà** schon	**tout à coup** plötzlich, auf einmal	**finalement** schließlich
tout le temps die ganze Zeit, ständig	**tout de suite** sofort	**plus tard** später	**encore une fois** noch einmal
avant vor, davor, früher, vorher	**voilà** hier ist, hier sind	**ici** hier	**là** dort
partout überall	**près (de)** nah, in der Nähe	**loin (de)** weit, weit entfernt	**devant** vor

À plus! TEMPS ZEIT	À plus! TEMPS ZEIT	À plus! TEMPS ZEIT	À plus! TEMPS ZEIT
À plus! TEMPS ZEIT	À plus! TEMPS ZEIT	À plus! TEMPS ZEIT	À plus! TEMPS ZEIT
À plus! TEMPS ZEIT	À plus! TEMPS ZEIT	À plus! TEMPS ZEIT	À plus! TEMPS ZEIT
À plus! LIEU ORT	À plus! LIEU ORT	À plus! LIEU ORT	À plus! TEMPS ZEIT
À plus! LIEU ORT	À plus! LIEU ORT	À plus! LIEU ORT	À plus! LIEU ORT

derrière hinter	**à côté (de)** neben	**à gauche (de)** links	**à droite (de)** rechts
en face (de) gegenüber	**au bord (de)** am Ufer	**au milieu (de)** mitten in, in der Mitte	**sous** unter
sur auf	**chez (moi)** bei (mir zu Hause)	**dehors** draußen	**tout droit** geradeaus
un peu ein bisschen	**très** sehr	**vraiment** wirklich	**beaucoup** viel, sehr
trop zu, zu sehr	**tout** alles	**bien sûr** natürlich	**aussi** auch

À plus! LIEU ORT	À plus! LIEU ORT	À plus! LIEU ORT	À plus! LIEU ORT
À plus! LIEU ORT	À plus! LIEU ORT	À plus! LIEU ORT	À plus! LIEU ORT
À plus! LIEU ORT	À plus! LIEU ORT	À plus! LIEU ORT	À plus! LIEU ORT
À plus! MODÉRER/ ACCENTUER ABSCHWÄCHEN/ VERSTÄRKEN	À plus! MODÉRER/ ACCENTUER ABSCHWÄCHEN/ VERSTÄRKEN	À plus! MODÉRER/ ACCENTUER ABSCHWÄCHEN/ VERSTÄRKEN	À plus! MODÉRER/ ACCENTUER ABSCHWÄCHEN/ VERSTÄRKEN
À plus! MODÉRER/ ACCENTUER ABSCHWÄCHEN/ VERSTÄRKEN	À plus! MODÉRER/ ACCENTUER ABSCHWÄCHEN/ VERSTÄRKEN	À plus! MODÉRER/ ACCENTUER ABSCHWÄCHEN/ VERSTÄRKEN	À plus! MODÉRER/ ACCENTUER ABSCHWÄCHEN/ VERSTÄRKEN

longtemps lange	**même** sogar	**surtout** vor allem	**seulement** nur
au moins mindestens	**presque** fast	**plutôt** eher, lieber	**encore** noch, wieder
parce que weil	**du coup** deshalb, daher daraufhin,	**à cause de** wegen	**par contre** allerdings, jedoch
mais aber	**quand même** trotzdem	**par exemple** zum Beispiel	**d'ailleurs** übrigens
en plus außerdem	**aussi** auch	**alors** also	**et puis** außerdem

À plus! MODÉRER/ ACCENTUER ABSCHWÄCHEN/ VERSTÄRKEN	À plus! MODÉRER/ ACCENTUER ABSCHWÄCHEN/ VERSTÄRKEN	À plus! MODÉRER/ ACCENTUER ABSCHWÄCHEN/ VERSTÄRKEN	À plus! MODÉRER/ ACCENTUER ABSCHWÄCHEN/ VERSTÄRKEN
À plus! MODÉRER/ ACCENTUER ABSCHWÄCHEN/ VERSTÄRKEN	À plus! MODÉRER/ ACCENTUER ABSCHWÄCHEN/ VERSTÄRKEN	À plus! MODÉRER/ ACCENTUER ABSCHWÄCHEN/ VERSTÄRKEN	À plus! MODÉRER/ ACCENTUER ABSCHWÄCHEN/ VERSTÄRKEN
À plus! PRÉSENTER DES ARGUMENTS ARGUMENTIEREN	À plus! PRÉSENTER DES ARGUMENTS ARGUMENTIEREN	À plus! PRÉSENTER DES ARGUMENTS ARGUMENTIEREN	À plus! PRÉSENTER DES ARGUMENTS ARGUMENTIEREN
À plus! PRÉSENTER DES ARGUMENTS ARGUMENTIEREN	À plus! PRÉSENTER DES ARGUMENTS ARGUMENTIEREN	À plus! PRÉSENTER DES ARGUMENTS ARGUMENTIEREN	À plus! PRÉSENTER DES ARGUMENTS ARGUMENTIEREN
À plus! PRÉSENTER DES ARGUMENTS ARGUMENTIEREN	À plus! PRÉSENTER DES ARGUMENTS ARGUMENTIEREN	À plus! PRÉSENTER DES ARGUMENTS ARGUMENTIEREN	À plus! PRÉSENTER DES ARGUMENTS ARGUMENTIEREN